衝撃の真実100

神岡真司

ワニブックス
PLUS新書

はじめに

世の中は「知られざるタブー」に満ちている！　「衝撃の真実」をお届けします！

世の中には、「知られていないこと」「間違って伝えられていること」が沢山あります。人々の関心の度合いや、通り抜けるフィルターがいろいろ異なるからです。

たとえば日本は、言論の自由の国ですが、テレビや新聞などのマスメディアの都合によっては、意図的に伝えられない情報も数多《あまた》あります。

CMや広告で成り立つテレビ局や新聞社には、スポンサータブーがあり、記者クラブでは行政と馴れ合う構造も手伝って、大企業や権力に都合の悪いことを報道できない事情もあるからです。

マスメディアも営利目的の企業ですから、所詮その言論も建前にすぎなくなります。

かくして、マス媒体とは別に、ネットには玉石混交、真偽不明の情報が氾濫します。

あなたのお金・労力・時間を奪われるだけの世の中の仕組みにNOを！

そんな中、私たちは何を信じ、どうやって真実をつかんだらよいのでしょうか。
そこで、本書は、世の中の事象の本質をえぐってみることを考えました。
しかも、さまざまな分野の、興味深い事例を沢山収集することにこだわりました。

本当のことを知らないでいる状況は、長い人生で大きなリスクを招くことにもつながりかねないからです。信じていたのに、実は裏切られていた——というのでは人生悲しすぎます。お金や労力や時間が、そこに多年にわたって投じられていたら、壮大なデメリットにもなるわけです。死ぬ間際になって気づいても遅いでしょう。

実際、銀行や証券会社に、退職金をもらったばかりの高齢者が運用の相談に行くと、大変な事態にもなりかねません。
保険会社の都合で手数料がバカ高くなる保険商品や、10年間の手数料だけで総投資額の3～4割が消えてなくなる――といった投信やラップ口座に誘引されることさえあるからです。

被害額はいったい、どれほどに及ぶのか、想像に余りあるほどです。

あなたの人生を独自の判断で導いていくことの大切さ！

共同幻想――という言葉があります。みんなが、同じように抱いている、いろいろな物事への麗しい共通イメージのことです。人と同じことを志向していたのでは、人と同じように厳しく、辛い思いを味わわされることにもつながりかねません。

本書で気づきを得ることで、「賢い人生の選択」につなげていただきたいのです。

世間に流されることなく、ご自身でひとつひとつを判断・検証し、吟味する習慣を身につけていただければ、本書刊行の意義もあると思うゆえんです。

著者

衝撃の真実100！ 目次

第1章 人間のウソorホント

第2章

世の中のウソorホントト

Contents

第3章

お金のウソorホント

第4章

行動・心理のウソorホント

第5章
生き物のウソorホント

第6章

近未来ニッポンのウソorホント

第1章 人間のウソorホント

01

ウソ

「人間の脳は10%しか使われていない」――はウソだった！

多くの人は、「人間の脳は10%しか使われていない」といった話を、どこかで聞いたことがあるはずです。なにしろ、学校の先生や教養の高い人でも、この説を信じる人が多いのだから当然でしょう。しかし、これは大きな誤解です。**他の90%が使われていなかったら、脳は進化の過程でもっとコンパクトになっていたはず**だからです。

米国神経科学界の重鎮リチャード・E・シトーウィック博士は、「10%説」の誤解について、「長い間、脳の巨大な前頭葉や、頭頂葉の広い領域での役割が見出せなかったこと、そこが損傷しても運動や感覚に欠陥が生じないために、その部分は休止していると考えられてきた」と解説します。しかし今日では、この領域こそが、司令塔的役割、抽象的な推論や計画、決断、環境への適応といった人間ならではの能力を司《つかさど》るとされています。

ところで、人間の脳は、知能の高い類人猿と比較しても、その1・6倍の860億もの密度の高い神経細胞（ニューロン）を有しています。このおかげで高次の思考や意識を司れるのです。ただし、この860億ものニューロンすべてをつねに動かすと、莫大な消費エネルギーを必要とします。そのためスパースコーディングという一部のニューロンにだけ信号を送る方式で、人間の脳は効率よく全体で機能するようになっています。

このことから、**脳はマルチタスクより、単一作業のほうが向いている**わけです。

また、シトーウィック博士は、人類が150万年前から始めた加熱調理も、消化効率をアップし、脳にエネルギーを送る上での最適なシステムであったと指摘しています。

なお、「10％説」の流布には、19世紀末に米国心理学の父と呼ばれるウィリアム・ジェームズが唱えた**「われわれは脳の持つ可能性を十分に発揮できていない」という言葉**も影響したようです。この言葉が加工され、引用されていくうちに「10％説」が生まれたともいえるのです。たしかに、「能力開発」や「脳トレ」などを標榜する業者にとっては、「10％説」を広めたほうが、自分の商売に都合がよいからに他なりません。

02

ウソ

小説やドラマでよくある「クロロホルムを嗅がせると一瞬で気絶する」――はウソだった！

小説やドラマの中には、ハンカチにクロロホルムを含ませ、それで人の口をふさぎ、一瞬にして気絶させるシーンが登場します。しかし、実際にはこんなことは起こりえません。クロロホルムを嗅がせると、人が意識を失う――というのは**誤解に基づく神話**に過ぎないからです。

クロロホルムは、１８３１年にドイツやアメリカ、フランスの化学者ら3人が、同時期に別々に発見した物質です。その後、麻酔剤として臨床応用がはじまり、イギリスのヴィクトリア女王の無痛分娩で用いられたことから、一般にもその名を知られ、19世紀のヨーロッパでは外科手術の麻酔剤として広く使われるようになります。

クロロホルムは香りがよく、気管や気管支を刺激することが少なかったからでした。

しかし、20世紀に入ると、麻酔剤としての使用はジエチルエーテルにとって代わられます。クロロホルムによって、深刻な心不整脈になりやすいことが、危険視されたからです。クロロホルムには中枢神経抑制効果があり、皮膚や粘膜への刺激、肝臓や腎臓、尿細管や心臓への細胞毒となるため、血圧低下などで突然の心臓停止状態となり、死に至らしめる危険があります。そのため、現在では、臨床で使われなくなったのです。

つまり、クロロホルムは、麻酔剤としての効用以上に、はるかに毒性が高かったわけです。

もし、クロロホルムを嗅がせて、人の意識を失わせようとするなら、クロロホルムを大量に含ませたハンカチを口に押し当て、**ゆっくり大きな深呼吸を5分以上繰り返させないと昏睡状態には至らない**といわれます。

小説やドラマで使われるような手口で、人を気絶させることは荒唐無稽なだけでなく、重大な後遺症を引き起こす恐れもあるわけで、安易に考えてはいけない、恐ろしい話なのです。

03

ホント

「眠りの科学」は俗説だらけ——はホントだった！

睡眠は、深い眠りの「ノンレム睡眠」と、浅い眠りで夢を見ているとされる「レム睡眠」がよく知られています。しかし、「睡眠の科学」には俗説が多いようです。

日本の睡眠研究の第一人者で、覚醒に作用する物質オレキシンの発見者でもある筑波大学教授・医学博士の櫻井武氏の著書『最新の睡眠科学が証明する　必ず眠れるとっておきの秘訣！』（山と溪谷社刊）を読むと、睡眠の俗説がいかに多いかに気づかされます。

実は、単純に**ノンレム睡眠が深い眠りで、レム睡眠が浅い眠りというのも誤解**で、両者の脳や体の状態は質的に大きく違っていると櫻井教授は指摘しています。

ノンレム睡眠の時は、脳も運動神経も活動が低下し、自律神経では副交感神経が優位なのでリラックス状態となります。呼吸数も血圧も心拍数も下がるのです。

反対に、レム睡眠の時は、実は覚醒している時以上に大脳は活動するのだそうです。ただし、筋肉などの運動機能へは情報が遮断されるので体の暴走は抑えられますが、それでも眼球だけは激しく動くのが特徴といいます。単純に浅い・深いではないのです。

ところで、睡眠サイクルは、「ノンレム睡眠＋レム睡眠」のワンセットが、90分周期で4～5回繰り返されるので、90分の倍数で睡眠を調節すればよい——という説がありますが、これも、実際には個人差で短い人も長い人もいます。

また、「午後10時から深夜2時までの4時間が、成長ホルモンが分泌されるので睡眠のゴールデンタイム」という話も俗説で、睡眠初期に現れるノンレム睡眠時に最も成長ホルモンが分泌されるにすぎないそうです。**深夜帯という特定時間は関係がない**のです。

ストレス過多で睡眠不足や不眠症に悩む人が多いため、睡眠に関する俗説や神話が生まれます。櫻井教授によれば、もし、床に就いて15分しても眠れない時は、無理に眠ろうとせず、いったん居間に戻り、眠くなったら再び床に就く——を繰り返せば簡単に眠れるそうです。**眠ろうと意識するほど、脳を覚醒させるのでNG**というわけです。

04

ウソ

森林や滝にはマイナスイオンがあるから癒される――はウソだった！

かつて、日本は一時期マイナスイオンブームに沸きました。1999年にマスメディアで紹介されて以降、小川の流れる森林や滝など、水分子が壊れる場所ではマイナスイオンが生じるので、心が癒され、健康によく、アンチエイジングにも効果があるとされ、「森林浴効果」が謳われたのです。そのため、大手家電メーカーが参入し、家庭においてもマイナスイオンを生み出すと称する空気清浄機、エアコン、ドライヤー、扇風機までが商品化され、また寝具や化粧品にまでこのブームは波及したのでした。

しかし、ブームはいつのまにか沈静化しました。科学的な根拠がなかったからです。空気中で水分子が壊れてマイナスイオンが生まれても、同時にプラスイオンも生まれます。そもそもマイナスイオン、プラスイオンともに構造式もしくは分子式で表せないものは科学的にも意味がない――などと専門家から切り捨てられたからでした。

商魂たくましい業界だけが、怪しい商品を作り、ブームに便乗しただけだったのです。

ところで、森林や滝のある場所などで、多くの人が「心が癒される」と感じるのはたしかです。そして、「森林浴」は今でももてはやされています。いったいこの効果は、マイナスイオンによるものでないとしたら、何なのでしょうか。

それは、植物から放出される香り成分で殺菌効果をもつ「フィトンチッド」によるものとされています。このフィトンチッドは様々な実験によって、健康増進に役立つ次のような2つの効能が実証されているからです。

※**ナチュラルキラー細胞の活性化**……フィトンチッドを吸って血液に取り込むと、免疫系にはたらきかけてナチュラルキラー細胞を活性化し、がん予防に効果がある。
※**ストレスホルモンを低下させる**……ストレスホルモンのコルチゾールを低下させるため、精神を安定させ、自律神経のはたらきを正常化させ、免疫力を高める効果がある。

05

ウソ

牛乳を飲むと背が伸びる——はウソだった！

子供の頃に、親や教師から「牛乳を飲まないと背が伸びない」と脅かされて、牛乳が嫌いだったのに、無理して飲んでいたという人もいるでしょう。とりわけ、牛乳を飲むと、お腹がゴロゴロして下痢になる人にとっては、学校給食で出てくる牛乳はさぞかし恨めしかったはずです。こういう体質の人はラクターゼ（乳糖分解酵素）が不足しているため、牛乳に含まれる乳糖を分解消化できずに、小腸で高濃度になった乳糖が水分を引き寄せ、下痢につながるのです（乳糖不耐症）。これはアジア人に多いとされます。

昔から牛乳はカルシウムの宝庫とされ、骨を作る上で大切な役割を果たすと信じられてきましたが、実は丈夫な骨は作っても、**骨を伸ばし、身長を伸ばすには牛乳だけでは無理**というのが医学界の常識でした。牛乳プラス成長ホルモン（睡眠初期に多く分泌される）や、たんぱく質が骨を伸ばすのに有効だったからです。牛乳で背が伸びるという説は、カルシウム豊富なので背を伸ばすだろう——と単純に結びつけられただけでした。

ところで近年、**牛乳は人間にとって危険な飲み物**——という説も次々出てきています。牛乳は牛の子を育てるためのもので、本来DNAも異なる人間が飲むことは、不適切という医学研究者からの指摘も増えているのです（諸説あり）。**そもそも牛乳を飲むと下痢になる人がいることからして、人間の飲むべきものではない**——ともいえるわけです。

むしろ、驚くべきことに、身長を伸ばすためには逆効果——と指摘する研究者もいるのです。ご参考までに最後にいくつか、その理由を挙げておきましょう。

※牛乳には、リンが過剰に含まれており、それがカルシウム吸収を妨げている。
※牛乳には、脂質が多く肥満になりやすく、肥満になると成長ホルモンが抑制される。
※牛乳には、女性ホルモンが含まれ、過剰な女性ホルモンは身長を抑制する作用がある。
※牛乳には、たんぱく質のカゼインが多く、未消化で吸収するとアレルギーを発症する。

06

ウソ

恋愛やセックスの多い女性はホルモンの働きでキレイになる——はウソだった！

「恋愛でキレイになる」「セックスでキレイになる」といったテーマを女性誌の特集で見かけますが、これはいったいどういうことなのでしょうか。

なんと、たいていの場合、たくさん恋愛をしたり、セックスをすると、女性ホルモンが多く分泌され、肌がみずみずしく若返ってキレイになる——ということを主張しているのです。女性ホルモンであるエストロゲンには、肌を整え、若返らせるアンチエイジング効果があるからですが、**標題の内容はもちろん真っ赤なウソ**なのです。

恋愛をしたり、セックスをする女性ほど、女性ホルモンの分泌量が増えるとしたら、乳がんや子宮がんが多く発症してしまいます。女性ホルモンは、乳がんや子宮がん発症に影響を及ぼすホルモンだからです。

たしかに、女性は恋愛するとキレイになるといわれます。

それは、好きな男性を得て、髪型や服装を整え、化粧に気を使って、笑顔も多くなるので、**周囲の人から「キレイになったね」などといわれるだけのこと**にすぎません。

これは男性にもいえることでしょう。好きな女性ができると、意識してカッコつけたくなるからです。


恋愛やセックスは、たしかに脳内ホルモンの分泌は促します。

別名「恋愛ホルモン」ともいわれるドーパミンは、興奮とともに分泌されるからです。

快感を得ることで「幸せホルモン」とも呼ばれるセロトニンも分泌されます。

こうした物質で、気持ちが前向きになったり元気溌剌《はつらつ》になったりすると幸福感こそ、もたらされますが、**女性ホルモンや男性ホルモンの分泌を増加させるといった仕組みではない**のです。

女性ホルモンは、卵巣から淡々と生体を維持すべく分泌されるもので、脳で分泌されるホルモンとは直接的な関係はないからです。

07

ホント

バカは風邪をひかない――はホントだった！

職場や学校では、冗談めかして「バカなのに風邪ひいちゃいました」などと自虐的ギャグをかます人がいるものです。また、風邪気味で弱っている時に、**「お前って風邪ひかないと思っていたのに」**などと、周囲からイヤミを言われた人もいることでしょう。

この「バカは風邪をひかない」という慣用句自体は、相当古くから使われていました。1786年（天明6年）に編纂された「譬喩尽《たとえづくし》」という書物には、すでに、「あほうかぜひかず」という記述もあるほどなのです。風邪の原因も定かでない時代に、風邪という症状は、流行病として立派に日常生活に定着していたことが窺えます。

ただし、この記述は**「バカは風邪をひかないのではなく、風邪をひいても気づかない」**ほうの意味だそうです。鈍感さや愚鈍さを強調するための表現として使われたのです。

本当の意味で、風邪をひかない――などということがあるのでしょうか。

絶対とは言い切れないものの、そういう傾向は確かにあるようです。

風邪の原因はウィルスですが、同じウィルスでも、冬に流行する強力な全身症状の出る「インフルエンザ」とは区別されています。空気が乾燥する冬場には、空気中のウィルスが付着するほこりも舞い上がりやすく、のどなどの粘膜も乾燥しがちです。そのため、ウィルスが上気道（鼻やのど）に付着しやすいのです。通常は、口や鼻、のどの内壁では、粘液による繊毛運動によって、異物を外部へ排出する感染防御システムが働き、さらに免疫機能も感染を防御しています。しかし、感染すると炎症から、くしゃみ、鼻水、鼻づまり、のどの痛み、咳、痰、発熱といった風邪の症状を引き起こすわけです。

ところで、日頃のストレス度が高い人ほど、ビタミンやカルシウムが多く消費され、こうした重要な免疫機能が弱まり、ウィルスの感染を招きやすくなるといいます。

つまり、**能天気でストレスのない人（＝バカな人）ほど、免疫機能がよく機能するので、風邪をひきにくい**――という医学的根拠も成り立つわけなのでした。

08

ホント

ストレス過多で白髪が増える——はホントだった！

しばらく会っていなかった学生時代の友人と再会して、友人の白髪が多いことに驚いた経験を持つ人は少なくないことでしょう。白髪が増えた理由は、もしかすると、その友人がストレス過多の生活を送っていたからなのかもしれません。

実は、ストレスの多い人が白髪になりやすい——というのは本当だからです。

ただし、フランス国王ルイ16世の王妃マリーアントワネットが、**処刑を恐れ一晩で白髪になった——というエピソードは明らかに嘘**です。一定の時間をかけて生え変わらない限り、髪の毛の色が突然変わる——のは医学的にも科学的にもありえないからです。

日本人の髪の毛の色は、だいたい黒色が基調です。この黒髪は、メラニン色素の量によって決まりますが、通常は加齢によってメラニンを造る細胞のメラノサイトの機能が低下し、髪の毛の色は、年齢とともにだんだん白くなるのです。

医学の常識では、白髪になる主な原因は、「加齢・遺伝・ストレス・生活習慣」などが影響するとされています。色素細胞のメラノサイトは、もともと神経細胞から分化したため、神経細胞と同様に精神的なストレスといった影響を受けやすいからです。

ところで、髪の毛にまつわる世間の噂にはさまざまなものがあります。

※白髪を抜くとよけいに白髪が増える。
※昆布やワカメを食べると、髪の毛の量が増える。
※髪を洗いすぎるとハゲになる。
※頭皮に脂が多いと脱毛の原因になる。

これらはいずれも、**何の根拠もない迷信**ですから、安心して大丈夫なものばかりです。

なお、白髪が黒髪に戻ることは、医学的に立証されていません。しかし、白髪を増やさないためにも、ストレスフリーで健康的な生活習慣は、とても大事といえるのです。

09

ウソ

舌には「味覚地図」がある——はウソだった！

「舌の味覚分布地図」なる絵やイラストを見たことがある人は少なくないでしょう。

舌を突き出した状態で、先端部位が「甘味」を、先端に続く両サイドが「塩味」、「酸味」と続き、咽喉につながる一番奥が、「苦み」を感じる領域として描かれた図のことをいいます。

昔は舌表面の各部の領域が、これらの４つの味をそれぞれに感じ取り、脳にシグナルを送って味覚を感じている——とされたのでした。

しかし、**現代では、これは否定されています。**

舌表面のどこかの領域が、それぞれの味を分担して感じ取るのではなく、舌にある1万個以上の味蕾《みらい》という細かく小さな器官が、それぞれに複雑な味覚を感じ取り、脳に信号を送っていることが判明しているからです。

昔は、味覚地図があるという説に従い、ワインの酸味が、舌でよりよく味わえるように、グラスの形状を微妙に工夫して、局面を変化させたワイングラスまで造られていました。

たしかにグラスによって、多少の味の変化はあったでしょうから、わざわざこのグラスを買ったという人は、騙されていたとはいえ、「気のせい」ぐらいでも、オイシイという変化を感じ取れ、それはそれで幸せだったことでしょう。

こんな荒唐無稽な神話がなぜ広がったのでしょうか。それはハーバード大学心理学研究所所長で、**アメリカ心理学会会長の紹介というお墨付きがあったから**でしょう。

「味覚地図」の起源は、1901年に発表されたドイツ人科学者ヘーニックの論文に遡るのです。これを1942年に、ハーバード大学のエドウィン・ボーリング心理学研究所所長が、自著『実証心理学の歴史における感覚と知覚』の中で翻訳し紹介したことから、1990年ごろまで、さまざまな研究で反証されながらも、広がり続けたのでした。

もちろん、**年配の方々の中には、まだ信じている人がいるかも**しれません。

10

ウソ

カルシウム不足だとイライラする——はウソだった!

あなたの周囲に、いつも何かでイラついている人はいませんか。

そんな人が身近なところにいると、落ち着かないものです。

いつ、イライラが高じて怒り出すかわからない、と不安にさせられるからです。

そんな人は、周囲の人から**「あの人はカルシウムが足りないんだよ。もっと牛乳とか小魚を取ればいいのに」**などと陰口を叩かれますが、はたして本当に、このイライラはカルシウム不足が原因なのでしょうか。

実は、カルシウム不足は、イライラとは直接的に何の関係もありません。

たしかに、血中のカルシウム濃度が下がる病気になると、脳細胞や神経細胞が正常に働かなくなり、情緒不安定や集中困難などになることは医学的な事実です。

しかし、ふつうの人は、血中カルシウム濃度がつねに一定になるようコントロールされており、血中のカルシウム濃度が低くなりそうな時は、骨を溶かして血液にカルシウムを取り込む作用をしますから、**骨の分量は減っても、血中のカルシウムが不足することはない**のです。ゆえに、食物でカルシウムを摂取することも重要ですが、イライラとカルシウムは、この限りにおいては因果関係にないのです。

いつも何かでイライラする人や、すぐに怒り出す人は、思考習慣が短絡的なだけです。自分の頭の中で思い描いたイメージ（あるべき状況）と、目の前の状況が異なっていると、すぐに不安になり、イライラを高じさせます。それがすぐ限界点に達しやすいので、怒りを爆発させるのです。**幼稚で思い込みの激しい人**といってもよいでしょう。

こんな人には心が不安にならないよう、安心させてあげることが大事です。「何かイラつくことでもありますか？」と不安な胸中を温かく察し、「落ち着いてお話をしましょうね」などと最初に念を押して、牽制《けんせい》しておけば効果もあるはずです。「カルシウム不足だとイライラする」のではなく、心の許容度が低いだけだからです。

11

ウソ

夢を見るのはレム睡眠の時だけ——はウソだった！

18頁の「眠りの科学」についての冒頭の説明では、「ノンレム睡眠」が深い眠りで、「レム睡眠」が浅い眠りで夢を見るとされる睡眠——と一般的知見を記述しました。しかし、ノンレム睡眠中でも夢を見ることは昔から知られており、この**一般的な知見そのものが誤解**であり、間違って流布されていたものなのです。

レム睡眠の発見は、1953年のシカゴ大学のクレイトマン教授と助手のアセリンスキーの両名に遡ります。2人は当時すでに開発されていた機能性の低い脳波計を使って、睡眠者の観察を行っていました。当時、睡眠とは脳の低活動状態と考えられていましたが、観察の結果、睡眠中には次の3つの特徴的な状態があることに気づいたのでした。

※睡眠状態にあるのに、急速に眼球がクルクル動き出すことがある。

※眼球が動くのに、体は弛緩して体動がなくなる（下等動物特有の状態が人にも起こる）。
※レム睡眠中に人を覚醒させると、80％もの高い確率で「夢を見ていた」と回答する。

こうした特徴を受け、眼球が急速に動く睡眠であることから、「Rapid Eye Movement」を略して、「Rem Sleep（レム睡眠）」と名付け、そうでない状態をノンレム睡眠と呼んだのでした。ところで、すでにこの観察の時から、**ノンレム睡眠中でも、20％から60％は夢を見る**ことがわかっていました。しかし、急速眼球運動が注目されすぎ、「急速眼球運動」＝「夢を見ている状態」と強く結び付けられたのでした。

今日では、脳の後部皮質領域で、夢を見ている時には低周波活動が減少していることが判明し、**人の睡眠中に、いつ夢を見ているかを特定できる**までになっています。

ウィスコンシン大学の研究チームによれば、夢の内容と脳の領域を結びつけるところまで研究がすすみ、夢の中で会話を聞いた時には脳の「言語領域」が、人を認識していた時には「顔の認識を司る領域」が活動していることまでを突き止めているのです。

12

ホント

「サブリミナル効果」はインチキ――はホントだった！

サブリミナルという言葉をご存知でしょうか。英語で「潜在意識の～」を意味する形容詞です。

人には、意識と無意識があります。意識はそのまま現在の覚醒時の意識のことですが、無意識は「潜在意識」として、活動はしているが自覚されない意識のことをいいます。意識して考えたわけでもないのに、「何となく好きな感じ」といった「何となく」の部分が、動物的本能ともいえる潜在意識の記憶のはたらきともいわれるわけです。

潜在意識にはたらきかけることで影響を及ぼすことができるという「サブリミナル効果」は、１９５７年に米国の広告会社が雑誌に掲載した「実験内容」から、広く世間に知られるようになりました。

映画フィルムは、１秒間に24コマ流れ、その残像効果で私たちには画面が動いて見えます。この24コマの中に数コマだけ、映画本編とは違う広告で「コーラを飲め」「ポップコーンを食べろ」というコマをさしはさむと、コーラやポップコーンの売上が数倍に伸びた――というのが、広告会社の実験内容でした。

通常では、広告として認識できない、1秒にも満たない短い時間でも、数コマ広告を入れるだけで潜在意識は感じ取り、暗示効果がはたらいた――ということなのです。

しかし、残念ながら、**これらの再現実験を行っても、このような効果はまったく見られず**、「サブリミナル効果」は、今ではインチキということになってしまいました。

潜在意識が作用している――とされる心理学の効果には、他に面白いものがあります。「プライミング効果」と呼ばれるもので、先行する事柄が、後の事柄に影響を及ぼすというものです。たとえば、赤色をじっくり見せた後で、果物を連想させるとリンゴやイチゴを思い浮かべる人が多くなります。ラーメンの人気投票でつねに1位を記録している店――という情報を与えてから、その店に行かせると、ラーメンがおいしく感じられたり、悲惨な交通事故の映像を見せてから車の運転をさせると、慎重な安全運転に徹するようにもなります。仕事をするのがイヤだな――などといつも意識していると、やがて潜在意識にまで浸透して、仕事の能率も悪く、ミスや失敗をしがちにもなるわけです。

13 ホント

高血圧患者が増えたのは製薬メーカーのせい――はホントだった！

厚労省が3年ごとに調査している高血圧の患者数は、2014年時点ですでに1010万8000人にのぼります。前回調査より約104万人の増加です。これは収縮期血圧が140以上の人で、治療を受けていると推定される患者数です。ものすごい数なのです。

1980年代までは、高血圧の基準は、年齢＋90と考えられていました。**年を取ると血圧が上がるのは当然**だからです。40歳で130、50歳で140、60歳で150、70歳で160、80歳で170が当たり前でした。それが、日本では1987年に160以上を高血圧と定めたことで、患者数は230万人にのぼりました。

ところが、1993年にWHOと国際高血圧学会が140／90を打ち出したため、1996年には患者数が750万人を突破します。さらに2008年には、日本高血圧学会が130／85の数値を打ち出し、患者数は797万人まで増えます。

日本では高齢者の血圧を下げすぎると転倒しやすいので、140に戻したものの、高齢者の増加で、2014年時点で患者数は1010万人超なのです（高血圧症は推定で約5000万人）。

年齢による血圧上昇は自律神経の作用で、血圧を高めることで元気を保ち、降圧剤の使用は逆に脳梗塞のリスクを高める——と指摘する医学研究者もいますが少数派です。

日本の医療費は、2016年度に約41兆円でした。

このうち2割の9兆円が薬剤費です。2014年には世界第2位のスイスの医薬品メーカー・ノバルティスの日本法人で逮捕者まで出し、家宅捜索が行われました。この会社は、自社で1000億円の売上がある降圧剤を、**他社よりも優れていると見せかけようと、偽のデータで医療関係者に研究論文を書かせていた**ことが発覚したのです。

このように医薬品メーカーは、莫大な研究開発費を医師や研究者にさまざまな名目でバラまいています。WHOも各学会もしょせん同じ穴のムジナというわけです。病気の基準値が厳しくなるのは、メーカーの儲けが増える構図があるからこそなのです。

14

ウソ

卵を食べるとコレステロール値が上がる――はウソだった！

血中のコレステロールや中性脂肪が多いと脂質異常症（高脂血症）が疑われます。脂質異常症は、動脈硬化の原因となり、狭心症や心筋梗塞を引き起こします。コレステロールには、悪玉のＬＤＬコレステロールと善玉のＨＤＬコレステロールがあることが知られていますが、総コレステロールの値とこれらの数値のバランスによって、脂質異常症かどうかを医師が診断します。

ところで、コレステロール対策によいとされるのが、野菜の摂取と運動です。野菜にはビタミン、ミネラル、食物繊維が豊富に含まれ、とりわけアブラナ科のキャベツやブロッコリーが推奨されています。これらはコレステロール排出効果が高いことが実証されているからです。また、運動がよいのは脂肪を燃焼させるからで、特に酸素を取り込みながら行う有酸素運動は体脂肪の燃焼に効果的です。

さて、世界第2位の卵消費国の日本では、**昔から卵を食べるとコレステロール値が上がるといわれてきましたが、近年これは誤解だったことが明らかになっています。**

たしかに卵は、コレステロール値の高い食材です。卵1個が含むコレステロールは、200〜240㎎です。かつて厚労省は、1日当たりのコレステロール摂取基準は、男性で750㎎未満、女性で600㎎未満としていましたが、2015年に撤廃します。世界標準では、300㎎未満が妥当とされ、誤解を招きかねないからでした。

卵を食べても、コレステロール値が増えないのは、コレステロールは体内で合成される脂質であり、食物で摂取されたコレステロールが多い時には、体内での合成が抑制されるからです。つまり、食物からの摂取は20〜30%、肝臓で合成されるのが70〜80%で、卵の摂取だけで、体内のコレステロールが影響を受けるわけではないのです。

むしろ、**1日1個ぐらいの卵を食べるほうが健康にはよい**のです。卵には豊富なビタミンがバランスよく含まれ、コリンは脳細胞の修復に寄与し、脳を活性化するからです。

15

ホント

熱い風呂が「男性不妊」を引き起こす――はホントだった！

ＷＨＯ（世界保健機関）による不妊カップルの男女別・原因調査では、女性側原因41％、男性側原因24％、男女共原因24％、原因不明11％となっています。

カップル不妊の原因は女性が高いものの、男性側にも原因や問題が少なくないのです。

ちなみに男性不妊には、先天性と後天性のものがあります。

先天性の男性不妊は、遺伝的要因の他にも発育段階でのさまざまな影響による性機能不全のケースも含まれます。

後天性の男性不妊は、薬物、ストレス、アルコール、喫煙、肥満、糖尿病、精子の産出障害、精巣の損傷などによる機能障害などがあります。

ただし、**男性不妊の9割は、造精機能障害**といわれ、主なものは次の3つになります。

※精液の中に精子が少ない「乏精子症」（WHO基準では1㎖中1500万未満）
※精液に精子がない「無精子症」（精子が作られない場合と通り道が塞がっている場合）
※精液中の精子に元気がない「精子無力症」（運動率が悪いため卵子に辿り着けない）

こうした症状の場合は、男性不妊の検査で原因がわかる場合もありますが、実は原因がわからない場合も少なくないといいます。

いずれにしても、精子の質が「男性不妊」の大きな要因になっているのです。

1日に造られる精子は5000万から1億といわれます。

しかし、精子を造る精巣（睾丸）は33度が適温で、人間の通常体温（36～37度）まで上がってしまうと精子を造れなくなります。つまり、**熱に極めて弱い**のです。

そのため、暑いと睾丸は垂れ下がり、寒いと縮こまり、温度調節をしています。

ゆえに、妊活中の男性は、熱い風呂やサウナは避け、ブリーフのような窮屈な下着も睾丸を圧迫し精巣の温度を上げるため、**身に着けないほうが精子の製造にはよい**のです。

16 ウソ 味噌は「塩分たっぷり」なので高血圧の原因——はウソだった！

高血圧の原因は、塩分の摂りすぎ、血管の老化、ストレス、過労、運動不足、肥満、喫煙、遺伝的要因や腎臓病、ホルモン異常などが原因——と長年信じられてきました。

しかし、**直接的な原因は、9割方不明というのが本当のところ**なのです。

高血圧自体は病気ではありませんが、この状態が続くと血管が破れないよう収縮を続け次第に硬くなります。すると心臓にかかる負担も増し、血管が詰まる動脈硬化に至り、狭心症や心筋梗塞、脳梗塞や脳出血などを起こすから怖いとされてきたのです。

ところで、高血圧予防に最も効果があると、これまで信じられてきたのが「減塩」でした。塩分を摂取すると一時的に血圧が上昇するのは事実だからです。

塩分（塩化ナトリウム）は、水に溶け、ナトリウムイオンと塩素イオンに分かれます。そして細胞内でなく細胞外の体液や血液に吸収されて浸透圧を高めます。高い浸透圧は細胞内と均等になろうとして細胞内の水を吸って血液の量を増やし、血圧の上昇をもたらすわけです。**塩辛いものを食べるとのどが渇くのは、こうした原理から**です。そして、日本人は、「塩分たっぷり」の味噌汁を飲むので高血圧になりやすいというのです。

しかし、実際に、味噌汁はそれほど塩分が多いのでしょうか。塩分が多いといわれる食品を並べると、カップ麺1個が5・5g、きつねうどん1人前5・3g、握り寿司（醤油込）1人前5・0g、天丼1人前4・1g、塩サケ1切れ（40g）3・5g、カレーライス1人前3・3g、梅干し1個（10g）2・0g、たくあん2切れ（20g）1・5g、**味噌汁1杯1・5g**、ポタージュスープ1杯1・2gといった順番で、味噌汁はそれほど高くありません（日本人の1日平均摂取量は約10gでWHO基準の2倍）。

むしろ、**味噌汁には血圧を下げる効果がある**ことを知るべきでしょう。

味噌に含まれる大豆イソフラボンには、血圧を下げたり、塩分を腎臓から排出する働きがあり、血管年齢を若返らせる効果があることが、近年注目を集めているからです。

17

ホント

暗い場所での読書は視力を低下させる——はホントだった!

暗い場所で本を読んではいけない——とは、子供の頃から親によく言われたセリフでしょう。その理由は、近視になるからでしたが、本当でしょうか。

実は、これには大きな誤解が潜んでいます。

暗い場所でも、遠くを見ているぶんには、何の問題もないからです。

暗い場所で読書をすると、文字が読みにくいので、どうしても目を本に近づけてしまいがちです。そのため、目に負担をかけるため、結果的に目を悪くしてしまうのです。

暗い場所でモノを見るのは、別段構わないのですが、近くのモノを見ようとすると目が悪くなる——ということなのです。

要するに視力を低下させる原因は、目と対象物の距離にあった——ということなのです。明るい場所でも、目を対象物に近づけ過ぎると、やはり目を悪くする原因になるのです。ですから、**暗い場所そのものは、目を悪くするものでも何でもない**わけです。

人が、近くのモノを見るときには、目の水晶体が膨らんで緊張します。これが目を疲労させます。そして、暗い場所では、モノがよく見えないために、多くの光を取り込もうとします。そのため、瞳孔も緊張して最大限に広がります。水晶体と瞳孔が、暗い場所で近くのモノを見ようとすればするほど緊張し、視神経には多大な負担がかかるのです。この状態が続くと、近くのモノを見るのをやめても、すぐには視神経の緊張は元には戻らなくなります。遠いところを見ようとしても、だんだん見えなくなるわけです。

なお、視力をよくするためには、できるだけ遠くを見るようにするとよい——という説がありますが、目の緊張を緩め、近視を予防する効果は認められても、**「確実に視力が向上する」という研究データは、残念ながら、まだどこにも存在していません。**

18

ホント

「睡眠負債」は取り戻せない――はホントだった！

ＯＥＣＤ（経済協力開発機構）のデータによれば、世界の主要国の平均睡眠時間は、軒並み8時間20～30分ですが、日本人の平均睡眠時間はかなり少なく7時間43分、韓国は最少で7時間41分となっています。

日本人は睡眠時間が短いため、「睡眠負債」を貯めやすいことが窺えます。

「睡眠負債」という言葉の提唱は、スタンフォード大学医学部精神科教授で、睡眠生体リズム研究所長の西野精治博士によるものです。睡眠研究の世界的権威です。

「睡眠負債」とは、毎日借金を重ね、負債総額を膨らませていくイメージですが、まさしくその通りで、自覚の乏しいままに毎日少しずつ睡眠不足が蓄積されていくことをいいます。この**「睡眠負債」を貯めこんでいくと、やがてがんや糖尿病、認知症などの疾病につながっていく**というのです。脳や体が回復不能のダメージを負うからです。

「睡眠負債」と「睡眠不足」はニュアンスが異なります。「睡眠不足」は一時的なことで、日中も睡魔が襲い、爆睡すれば改善します。しかし、「睡眠負債」は、毎日少しずつ蓄積されていくものだけに、日中もその自覚が薄く、気づかないことさえあるといいます。

毎日の睡眠不足を自覚している人は、大抵、土日などの休日に昼近くまで「寝だめ」をします。ただし、**「寝だめ」をすると体内時計が後ろにずれてしまうため、平日夜に早く眠りに就けず、睡眠不足を繰り返す**ことにもつながりかねません。やはり、毎日きちんと自分の脳や体が必要とする、適正な睡眠時間を規則正しくとることが肝心なのです。

適正な睡眠時間には個人差があります。睡眠負債を抱えているかどうかを測定するには、休日などに心置きなくゆっくり寝てみることです。すっきり目覚められたら、その時の睡眠時間と平日の睡眠時間とを比べます。差が2時間以上あると、睡眠負債を抱えている可能性大なので、平日の睡眠時間を増やすことが必要になります。なお、夜食を食べると胃の働きが活発になり、良質な睡眠を阻害します。また朝は、目覚めたら15分でも太陽光を浴びると、睡眠を誘うメラトニンの分泌を調節できて快適な朝になります。

19

ホント

ピアノを習うと頭がよくなる――はホントだった！

ピアノを習うと頭がよくなる――というのは、近年わかってきたことです。

1990年代以降、脳機能を測定する装置の性能が飛躍的に向上したことで、**ピアニストを被験者とした脳機能の実験や研究がすすんだ**からでした。

ピアニストは、10本の指で、ピアノを弾けない人には考えられないような巧みな指捌きで演奏します。超絶技巧と呼ばれる複雑な音階の曲を、超高速でこなすピアニストまでいます。これらの技術は、すべて生まれつきではなく、幼い頃からの練習によって培われてきたものです。なぜ、このようなことが可能になるのか、その脳のはたらきが世界各国の研究者の注目を集めるゆえんなのです。

脳科学者の澤口俊之博士は、ピアノを習うことのメリットを次のように解説しています。

ピアノは両手を並列かつ複雑に使います。楽譜を一時的に記憶しながら、さらに次に弾く楽譜を先読みします。しかも、両手の指の動きが異なります。

これが、脳の司令塔である前頭前野を構造的に発達させることにつながります。左右の脳をつなげる脳梁を太くし、右脳と左脳のバランスがよくなり、小脳も大きくなることで運動機能や知的機能、感情的機能までアップします。

さらに海馬が発達することで、記憶力がアップして学力も向上、IQも向上します。

そのうえ、澤口博士は、**ピアノのレッスンによって、IQ（一般的知能）よりも重要なHQ（人間的知能）が向上する**と指摘します。

HQとは、人間らしい人生を送るための脳力であり、夢や目的に向かって適切に行動する能力（未来志向的行動力）や、理性・思いやり・協調性をもってうまく生きる能力（社会関係力）のことを指すそうです。

つまり人生を好転させ、社会的成功をもたらす力が身につくというわけです。

まさしく、ピアノのレッスンによって、頭のよい人間になれるのです。

20

ウソ

「脳トレ」で認知症予防ができる──はウソだった！

加齢とともに、物忘れが多くなるのは仕方がありません。脳の生理的な老化現象だからです。ただし、単なる物忘れは、ヒントがあれば思い出せますが、「認知症」となると、そうはいきません。すべてを忘れてしまうからです。認知症は、認識力や記憶力、判断力そのものが奪われますから、社会生活そのものが困難になるのです。

認知症は、獲得された知能の障害で、脳の器質的病変が原因です。とりわけ日本人の認知症患者はアルツハイマー型が6割、脳血管性型が2割、レビー小体型が1割、不明が1割で、アルツハイマー型が多いのです。アルツハイマーの原因は未解明ですが、**遺伝子や生活習慣と関連が大きい**といわれます。

認知症になると、中核症状として、記憶障害、見当識（時間や場所、周辺状況）障害、失語、判断力欠如などが現れます。併行して、不安、抑うつ、幻覚、失禁糞便、暴言、暴力、異食、睡眠障害、介護拒否、せん妄、妄想などの周辺症状が現れます。

認知症かどうかは、精神科医の長谷川和夫博士が1974年に開発し、1991年に一部改訂された「長谷川式認知症スケール」をもとに、専門医が診断チェックしてくれます。

ところで、認知症にならないためにとか、脳機能を活性化させると称して、商魂たくましいゲームメーカーなどが、「脳トレ（脳のトレーニング）」と称したパズルやゲームを売り出しています。果たして認知症予防に効果があるのでしょうか。

残念ながら、**「脳トレ」が認知症の予防になるという確固たる実証研究はありません。**医学界で推奨される認知症予防は、生活習慣改善が中心だからです。

健康的な食生活や睡眠、対人接触（人と会話する）、禁煙、運動、知的行動（文を読む・文を書く）などで、**ゲームやパズルは参考程度にしか位置付けられていない**のです。

第2章 世の中のウソorホント

21

ホント

回転ずしのネタは偽物の魚ばかり――はホントだった！

回転寿司は、安くておいしい――と人気があります。安くておいしい――にはもちろん理由があります。**代用魚を使っている**からです。本物と味がよく似ていて「似て非なる魚」が、代用魚というわけです。

参考までにいくつか挙げておきましょう。ほとんどが外国産の魚介類です。

※**マグロ**↓スズキ目・サバ科の大型魚ガストロや、赤マンボウ、アロナッツスなど。

※**エンガワ（ヒラメ）**↓体長1mを超える大型深海魚のカラスガレイやオヒョウ。

※**ブリ**↓シルバーワレフ（別名＝銀ヒラス・目鯛）や、体長2mのオキメダイ。

※**タイ**↓養殖のナイルテラピア、海水で養殖したアメリカナマズ、ボラなど。

※**サーモン**↓淡水魚のニジマス。

※**カンパチ・ハマチ**↓油漬けにしたシイラや養殖スギ。

※甘エビ→アルゼンチン南部の深海で採れるアルゼンチンアカエビ。
※アワビ→別名アワビモドキと呼ばれる南米沿岸産のロコガイ。
※アカガイ→中国で養殖されたアメリカイタヤガイ、サルボウガイ。
※アナゴ→体長1m前後になる魚類のウミヘビ科のクロアナゴ（爬虫類に非ず）。
※ヤリイカ→ヤリイカ科のヒメジンドウイカ、アジアジンドウイカ。
※イワシ→ニシン科のスプラット、イワシの仲間のピルチャード。

聞いたことのない魚や貝があって当然なのです。**魚類は世界で3万種近く**あり、貝類は10万種近くあるといいます。一般に馴染みのない名前の外国産の魚や貝にも、おいしいものはたくさんあるからです。近年、回転寿司チェーンでは、国内漁港に水揚げされた名前の知られていない魚も、**地元での魚名そのままに、店のレーンに並べられる**ようになってきています。地域にだけ流通していた名前の知れない美味なる魚介です。

消費者もおいしいネタなら、名前にこだわらなくなってきているわけです。外国産の魚類のネタが、本来の名前で並べられる日も近いのかもしれません。

22

ホント

外食・中食の野菜は危険な「毒まみれ」の輸入野菜がてんこ盛り——はホントだった！

日本の食料自給率は、4割を切るので食料安全保障上、大変危険——と国民を煽り、騙し続けてきたのは、省益優先の農水省でした（2016年度食料自給率は38％）。

カロリーベースなどという、**どこの国も使っていない熱量換算の偽統計**で国民を欺いてきたのですが、世界標準は生産額ベースです。日本の生産額ベースでの食料自給率は68％もあり、農業生産国としては、中国、アメリカ、インド、ブラジルに次ぐ世界第5位に就く農業大国でした。農水省は、カナダやオーストラリアについてもわざわざカロリーベースに換算し、食料自給率を200％以上とし、世界の1位・2位としてきたものの、生産額ベース換算なら日本の数分の1の額でした（今では両方のベースを表記）。

ところで、2015年の日本の農業産出額の27％を占める野菜は約2兆4000億円でした。これに貿易統計の約4700億円の輸入野菜が加わると、野菜の生産額ベース全体に占める輸入野菜の割合は約16％となり、輸入野菜のうち半分が中国産です。この輸入野菜には、生鮮、冷凍、塩蔵、加工、調整、乾燥、酢調整などが含まれます。

しかしながら、スーパーの売り場を見ても、輸入野菜はあまり見かけません。かつて中国産野菜から、基準値を大幅に上回る残留農薬が検出され消費者が買わなくなったからです。

では、国産野菜より3～6割も価格の安い輸入野菜は、どこに消えたのでしょうか。外食、中食、加工食品、総菜、給食などに大量に使われるようになっていたのです。

輸入野菜が危険なのは、畑で撒かれた農薬の残留だけでなく、**国内輸送では使用禁止**のポストハーベスト（収穫後の輸送時に使う防虫、防カビ、殺菌剤）の残留が危険だからです。全国32の検疫所では、検疫職員は三百数十名しかおらず、書類チェックで9割が通り、モニタリングの1割もそのまま流通させるので、基準値超えの毒物が検出された時には、すでに消費者の胃袋の中に収まっており手遅れです。チェック体制の強化を図らないと、いつか再び毒入り餃子事件（08年）の二の舞になるでしょう。

23

ウソ

事故物件を貸し出す時に「告知義務」がある——はウソだった！

アパートやマンションの大家さんは、65歳以上高齢者の独居での入居を嫌う——ということをご存知でしょうか。これは、**老人の孤独死を恐れているから**に他なりません。

独居高齢者の孤独死は、たいてい発見が遅れます。近隣からの異臭の通報などがキッカケで発覚しますが、その時点では、死後数十日を経て、すでに遺体の腐敗もすすみ、皮膚がドロドロに溶けて液状化し、猛烈な異臭が漂っているといいます。遺体にはウジが湧き、ハエが飛び交い、また死んだハエも床のあちこちに散乱しているそうです。

警察の検証を済ませ、特殊清掃業者に処理をお願いするなど大変でしょう。こうした孤独死の他に、自殺、殺人事件などがあった部屋は「事故物件」と呼ばれます。

アパートやマンションといった集合住宅で、こうした事態が起こると、隣室や上下階の部屋から、櫛の歯が抜けるように退去者が続出し、やがて空っぽになってしまうことも予想されます。長期のローンを組んでアパートやマンションを建てた大家さんは、泣きっ面にハチ――ということになるわけです。

こうした事故物件は、家賃を格安にして、「訳あり物件」としての告知義務があるといわれます。しかし、告知されずに賃貸や売買が行われ、争いになった物件の裁判例によると必ずしも一律に告知義務がある――とはいえないのです。つまり明確なルールがなく、ケースバイケースにすぎません。もちろん、次に入居する最初の人には告知義務がある――などと、よくいわれますが、**周囲に知られていない孤独死などの場合には、意外にも告知せずに入居させたからといって直ちにルール違反――ともいえない**わけです。

2001年の東京地裁では、「自殺があってから、2年程度経過したので瑕疵《かし》とは評価できない。他者に賃貸するにあたって告知義務はない」といった趣旨の判例もあります。これが、2年経過で告知義務は消える――という都市伝説の起源なのでしょう。

ただし、事故物件情報サイト「大島てる」に掲載されると、告知物件になります。

24

ウソ

高級ブランド品は製造原価も高い——はウソだった！

高級ブランド品が大好きな人は、周囲を見回すと、すぐにも見つかるものです。愛用のバッグやカバン、ハンカチ、スカーフ、ネクタイ、腕時計、靴、宝飾品……といった品々を、いつも高級ブランドで揃えているので、すぐにもわかります。

高級ブランドを持つにふさわしい自分——というアイデンティティが充足されて、持つこと自体で周囲への顕示欲求も満たされます。心理学では、こうした**見せびらかしたい欲求を「ウェブレン効果」**と呼んでいます。価格が高いからこそ嬉しくなります。

また、金持ちでなく貧乏だからこそ、豪華に見える高級品を身にまといたい——という代償行動に走っている場合もあるはずです。実際、本物の金持ちには質素を好む人が多く、ロゴや特徴が目立つ高級ブランドは下品だと嫌う傾向にあるからです。

高級品は丈夫で長持ち、だから価格も高くて当然――と信奉する人も多いのですが、残念ながら、高級ブランド品は、けっしてリーズナブルな商品ではありません。

製造原価にべらぼうな付加価値がつけられて売られているだけだからです。

その付加価値こそが、高級ブランド品たるゆえん――といった共同幻想なのです。

高級ブランド品は、売れ残っても、同一店舗でセールは行いません。そのブランドの信奉者を不快にさせるからです。そこで、少々不便な場所にアウトレットモールと称する**売れ残りブランド品の集積場を作り、そこで3～7割引で販売**します。ブランド信奉者は、高級ブランドが安く買えてオトクとマイカーや観光バスで繰り出します。

ここで、3～7割引で売っても、高級ブランドメーカーは儲かる実情があります。

それはブランド品の製造原価が格安だからです。本物そっくりの精巧さで、遜色ない出来栄えの偽ブランド品を作る業者が、**本物より3～5割安い価格で販売しても十分な儲けが出る**ことを考えれば、高級ブランド品の製造原価はせいぜい、1～2割程度と見当がつくはずでしょう。

25

ホント

ラブホテルでの情事はフロント係員に覗かれている――はホントだった！

近年、ラブホテルという名称は、使われなくなってきました。ブティックホテル、ファッションホテル、レジャーホテル、アミューズメントホテル、カップルズホテル……などなど、おしゃれな呼称に変わってきています。カップルが情事を行う――といった生々しいイメージを遠ざけたいからでしょう。

ところで、ラブホテルの営業の命は、回転率です。休憩が大体2時間ですから、**1日にこの回転率をどれだけ上げられるかで、売上が大きく左右される**からです。また、再度の来訪を促すためには、女性客に気に入ってもらえる部屋作りや、品のよい、おしゃれな設備も大事です。男性客は、利用目的が単純ですが、女性客は、ロマンが感じられず、一度イヤな思いを味わったホテルには行きたくなくなるから――というわけです。

ラブホテル事業は、草食系男子が増えたせいもあって、経営面は年々厳しくなっていますが、近年では訪日外国人観光客の取り込みに力を注いでいるところも多いのです。外国人観光客にとって、ラブホテルは、独創的なアミューズメント施設のように映るため、ひとたび外国人観光客に気に入ってもらえると、SNSでの拡散が強力なので、宣伝効果も高い――といいます。日本の新名所・新名物といえるのかもしれません。

ちなみに、多くの人が、ラブホテルは完全なカップルだけの密室――と考えているものですが、実は各室の天井には、**直径1㎜程度の小さな盗撮用レンズのCCDカメラを備えているホテルも少なくない**といわれます。理由は、防犯上のためなので、フロントにモニターをずらりと並べ、係員が時々眺めていても、特別犯罪行為にもなりません。

糞尿をバラ撒くなどで部屋を汚す、設備の破損行為、男性が女性の首を絞めるといった変態行為、暴力行為などによって、重大な事故や事件が起きたら大変だからです。

殺人事件などがあると、新聞やテレビで大々的に報道され、今まで馴染みだった客は敬遠して来なくなります。ラブホテル経営者も、いろいろ気を使っているわけです。

26

ウソ

保険の見直しが家計にプラス――はウソだった！

保険の見直し――という言葉をよく聞きます。不必要な保険に加入し、高い保険料を払っていたのでは家計に悪影響なので見直しましょう――という**表向きの趣旨**なのですが、保険の見直しをしたら、本当に家計の改善に役立つのでしょうか。

結論からいうと、家計の改善に役立つのではなく、保険の販売業者である代理店の収益向上に役立つ――というのが正解です。民間の保険商品はマージンの塊だからです。

こうした「見直し商法」は、極めて欺瞞《ぎまん》的《てき》なビジネスモデルになっています。

保険商品の構造そのものについては132頁で紹介しますが、ここでは、保険会社の販売代理業務を行うと、どの程度のマージンがもたらされるかについて解説しておきます。

保険の販売サイドは、新規契約が一番おいしく、大体2年間にわたって高額のマージンがもらえる仕組みです。生命保険の場合なら、加入者の支払い保険料額の40〜50%が2年間です。中には支払い保険料額の100%が1年間バックされる保険まであるのです。むろん、加入者に途中解約されるとペナルティーで返金する規定もあります。

しかし、そのマージンも、3年目以降になると10%前後に減ってしまいますから、2年過ぎたら、新たな保険商品を勧めて旧契約を解除させ、新規に乗り換えさせたほうが販売サイドは儲かるわけです。保険のおばちゃんが「いい保険が新しくできました」などと口癖のようにいって新商品を勧めるのは、こうしたカラクリがあるからです。発売元の保険会社にとっては、「いいツラの皮」なのですが、これも織り込み済みです。

保険の見直しを標榜する店舗では、**「第三者の立場で評価します」**などとキレイごとを謳いますが、大抵20〜30社の保険会社と代理店契約を結び、来店するカモのお客さんの現在加入中の保険のアラ探しを行い、**マージン率のよい新規の保険を勧める**のです。損害保険でも似た構図があり、肝心の加入者の補償効率は、極めて悪いわけです。

27

ホント

派遣労働者は永遠に報われない――はホントだった！

「人材派遣」という労働者の賃金を、不当にごっそり抜いて儲ける、労基法で禁じられたはずの〝中間搾取業〟があります。戦前のタコ部屋奴隷労働をまん延させた反省から、戦後は第三者が労働者の賃金を不当に搾取する事は**職業安定法で禁じていたはず**でした。

しかし、政府は「使い捨て労働者」を求める産業界の要請を受け、1986年に労働者派遣法を作り、当時業務請負と称して違法営業だった派遣会社を救済したのでした。

表向きは専門性の高い業務のみの派遣を認めるはずが、実際は抜け道だらけの法律で、名目を変え、雑用業務から事務作業まで何でもやり放題になります。派遣社員は、3～5割の賃金搾取を受け、派遣先にすれば交通費ナシ、賞与ナシ、退職金ナシ、福利厚生ナシ、社会保険ナシ（今は派遣会社も負担）という、とても使い勝手のよい労働者です。

この労働者派遣法は、その後何度も違法状態を合法にするための改定を繰り返してきます。この業界は、**違法のオンパレードで順法意識に乏しい**からでした。禁止業種への派遣、無許可・無届け営業、偽装請負、二重派遣、女子の容姿のランク付け、派遣先企業への履歴書提示、派遣先企業への事前面接（会社訪問の名目でやり放題）、マージン率の非開示など、今でも法律違反の派遣会社が堂々と上場しているのですから笑止です。

２０１２年の改定では、「労働契約申し込み・みなし制」という、非正規を正規に導くよい規定が加わります。違法行為を繰り返す業界なので、「禁止業務への派遣」「無許可・無届業者からの派遣受け入れ」「派遣可能期間超えの派遣」「偽装請負」などがあれば、ただちに派遣先企業が派遣労働者に直接雇用を申し込んだとみなす規定だったからです。

ただし、違法だらけの業界ゆえに、実施を3年繰り延べし、２０１５年10月からにしていましたが、政府与党は大慌てで２０１５年9月、再び派遣法を改定します。

業界から資金援助を受けているのに法律を放置すれば、**正社員だらけになり、産業界が困る**からでした。かくして、２０１５年9月施行の改定法では、同一部署への派遣期間の上限を3年としたため、結果として3年を超えない期間働かせ、首切りで派遣先を変えればよい——という形になってしまっています。

28

ホント

「魚沼産コシヒカリ」はほとんどが産地偽装——はホントだった！

「魚沼産コシヒカリ」といえば、**コメの最高級ブランド**の地位を保っています。有名になったのは、1993年に起きた「平成の米騒動」以来です。

1993年の日本は、記録的な冷夏に見舞われます。原因は1991年6月、フィリピンのピナツボ山の噴火でした。噴煙は世界的規模で影響を及ぼし、日本では日照不足と長雨の影響で、夏の平均気温が平年より2～3度も低くなったのです。

そのため、日本は米不足に見舞われます。コメの作況指数は、10アール当たりの平年収量で100が良好のところ、「著しい不良」とされる90を大きく下回り、74という凶作を示す指数で、1000万トンの需要に、800万トン以下の収量だったのです。

時の細川首相は、日本の米に似た米国産と中国産の緊急輸入で乗り切るつもりが、輸入量が足りないため、タイ政府の好意に頼り、タイ産の米を大量輸入しました。このため、タイでは米が高騰して騒動にもなります。しかし、タイ産の米は長粒米で、日本の短粒米とは違います。ポストハーベスト（輸送時の防カビ、殺菌剤など）の懸念だけでなく、日本の炊飯器に合わない、異物混入が見つかった、なども問題になります。結局、大量輸入したにもかかわらず、日本の消費者が受け入れず、廃棄される運命となり、政府やマスコミがタイ米の美味しい食べ方をＰＲしても無駄に終わったのです。

この騒動で、各地の米の味に注目が集まります。そして、１９８９年以降、日本穀物検定協会の米食味ランキングで「特Ａ」を連続受賞していた魚沼産コシヒカリが、一躍脚光を浴びたのです。しかし、魚沼産は、北魚沼、中魚沼、南魚沼と3地域に分かれますが、ここでの生産量は**日本の米の収穫量の、たったの0・7%**しかありません。

それなのに、スーパーでは、「魚沼産コシヒカリ」表示の米がそこら中にあります。つまり、これらは、**ほとんどすべてが偽物の疑い濃厚**——なのです。新潟県は県産コシヒカリ以外の販売米をＤＮＡ検査して告発していますが効果は限定的です。農水省が厳しく規制しないため、日本全国で偽装米がやり放題で流通しているのが現状なのです。

29

ホント

日本経済新聞がタダで読める――はホントだった！

紙版の日経新聞を、朝夕刊で宅配契約すると、月額４９００円です。日経電子版だけだと４２００円ですが、宅配を契約している人が、さらに日経電子版も加えて契約する場合は、１０００円を足した月額５９００円になります。

これを**タダで読める方法がある**――というのですから、驚かされます。

実は日経新聞には、**「日経テレコン」**という、もうひとつ別のサービスがあります。日本最大級の会員制ビジネスデータベースを標榜する、ビジネスのサービスサイトです。過去30年分の日本全国の50紙の新聞・雑誌記事を中心に、ビジネス誌や一般紙、各種専門誌が読めるだけでなく、30万人以上の人物プロファイルや、東京商工リサーチなどの１４０万件を超える経営者情報、他の主要全国紙の人物データベース、６０００社以上の最新の人事異動情報まで検索できる――という充実したサービスなのです。

これらは、月額の基本料金の他にコンテンツの閲覧ごとに情報利用料が課金される仕組みです。オンライン契約の場合、情報利用だけのコースだと、1ID当たり月額基本料金はゼロ円ですが、最低1万円からの従量課金制です。一般のコースだと月額基本料6000円と従量課金制です。

この「日経テレコン」のサービスのうち、日経新聞、日経産業新聞、日経MJ（流通新聞）、日経会社情報、株式新聞などが過去1年分読め、過去30年分の記事検索ができるサービスが**「日経テレコン21」**になります。そして、さらにこのサービスを縮小した形ですが、丸三証券と楽天証券に口座を開設すると、これがタダで利用できるのです。どちらも口座管理料は無料ですが、楽天証券は口座残高に30万円以上が必要です。ただし、新聞記事は、どれも3日で消えるので1週間分のまとめ読みはできません。

なお大和証券でも同様のサービスがありますが、口座管理料は条件付きの無料です。日経新聞のみの朝夕刊だけの宅配契約だけでも、年間5万8800円かかりますから、**超オトクなサービス**になっているのです。丸三証券に口座を開くのが一番オトクでしょう。

30

ウソ

高級化粧品ほど美肌効果が高い――はウソだった！

化粧品の原材料費は激安です。たとえば、基礎化粧品の原料は、水と油です。水と油を混ぜ合わせるための合成界面活性剤、色素、香料、防腐剤を入れて出来上がりです。化粧水の原材料費は1～2円、乳液は2～3円、クリームは5～15円。特殊成分を入れても原材料費は激安です。一般に高価といわれるヒアルロン酸でも1g（1cc）当たり4リットルもの保水効果で、1g50円程度です。10分の1を加えてもたったの5円です。メイクアップ化粧品も原材料費は激安です。口紅4～10円、ファンデーション20～30円などです。高級仕様の容器や紙パッケージのほうが数十円～百数十円と中身より高いのです。**見た目をよくしないと、原価の数十倍の高額商品としては売れない**からです。

2016年の化粧品業界の市場規模は約2兆5000億円です。資生堂、花王、ポーラ・オルビスHD、コーセーの上位4社で8割強のシェアを占め、残りを中小零細企業が奪い合う構図です。

業態は、美容部員を特約店に派遣する制度品メーカー、問屋経由で小売店に売る一般品メーカー、訪問販売員が個宅に赴く訪販メーカー、100円ショップに提供する格安専業メーカーに分かれます。メーカーといえど、大手以外は工場を持たないファブレス化のOEM外注生産です。化粧品製造は原料やパッケージ製造など7000社もがひしめく業界なのです。

参入障壁の低い業界ゆえに他業種からの参入も多いのですが、化粧品をメーカーとして売るのは、莫大な広告宣伝費や人件費がかかり、イメージ作りは難しいといいます。

内容物についての表示義務は、2001年の薬事法改正で「該当指定成分表示」から「全成分表示」に変わりましたが、素人にはどれが化学成分で、どれがアレルゲンなのかもわかりません。そもそも水と油の乳化剤からして肌の新陳代謝を害します。皮膚科医の臨床データには保湿クリームで乾燥肌になった事例など数多あります。原材料費数十円の化学物質を数千円で買っても、**美肌になれる保証はない**ゆえんです。第一に化粧品は医薬品と違って効能効果を謳えません。むしろ効能効果があるほうが問題だからです。

31

ホント

「自費出版ビジネス」はボッタクリ商法——はホントだった！

本が売れない時代です。出版科学研究所のデータでは、１９９６年に2兆６５６３億円のピークをつけた出版業界は、２０１６年に約45％減の1兆４７０９億円に縮小しています（書籍７３７０億円、雑誌７３３９億円）。業界では、毎日２００タイトルを超える新刊本を世に出します。点数を増やして**売上減少分を補おうと版元も必死**だからです。

しかし、書籍の43％、雑誌の46％が返品されます。売れる本と売れない本の二極化も著しく、今や初版部数も1万部を切るのが当たり前です。書店の数も毎日1店舗が閉店し、90年代の約2万３０００店が、２０１５年には1万３０００店まで減りました。

出版社も、売れる本を作るべく必死ですが、なかなか決定打は見つかりません。

しかし、唯一、赤字にならずに確実に儲かる「本づくりの方法」はありました。**「あなたの原稿を本にしませんか？」**と一般に呼び掛けて、本を作らせる方法です。

自費出版ビジネスは、素人が書いた自分史や小説、エッセイなどを編集し、本に仕上げて、わずかな小部数だけ書店にも流通させ、残りのほとんど（500～1000部）を執筆者が引き受け、友人や知人に配って満足する――という仕組みになっています。

自費出版ビジネスは、なかなか**巧妙に素人のハートをつかむビジネス**なのです。本を読みたい人より、書きたい人のほうが多い時代ですし、定年退職後にヒマを持て余している、小金持ちのお父さんにとっては、「内発的動機付けによる達成願望（将来やってみたいと心密かに憧れていた夢や希望）」が満たされる大変よい機会にもなるからです。

会社にもよりますが、四六判の少部数本を、ソフトカバーの表紙で本文200頁前後の本として制作する場合、出版社の制作コストは、紙代、印刷代、製本代、デザイン、編集コスト込みで80万～90万円程度です。これを300万～400万円で自費出版希望者に売ります。広告費や営業経費を加えても、一人の担当編集者が月間5件もこなせば、売上は1500万～2000万円になり、企画して出す本よりも断然儲けられるわけです。

32 ウソ 整体師やカイロプラクターになるのは難しい——はウソだった！

「カイロプラクティック」や「整体」などの看板を街中で目にしますが、これらは憲法22条1項の「職業選択の自由」により、**誰でも自由に開業できる商売**となっています。カイロプラクティックや整体を業として行うにあたり、国家資格は不要だからです。技術を教える民間学校は数多ありますが、教育内容はまちまちです。なにしろ、人体の構造を全く知らずとも、素人でも今日から誰でも自由に看板を掲げられるからです。リラクゼーション系と呼ばれるゆえんです。「治療」とか「治す」と口にするのは禁じられています。要するに、**エステティシャンやネイリストと同じ位置づけ**なのです。

人体に対して、直接施術（圧迫する・押す・揉む・ねじる）するのに、何の資格も要らない——というのは、まことに危なっかしい話なのです。実際、事故も起きています。そのため、欧米諸国でのカイロプラクターは、国家試験など厳しい規制が多いのです。

日本では大昔から、さまざまに怪しげな民間療法が存在していました。

しかし、1960年の最高裁判決が、「無届の医業類似行為が、禁止処罰の対象となるのは、人の健康に害を及ぼす恐れのある業務に限定される」というお墨付きを与えます。カイロや整体の施術をしても、それがただちに人の健康に害を及ぼす恐れがあるとはいえない――というヘンテコ判決でした。そのためヘンテコな施術が沢山生まれました。

正当な医業類似行為の「柔道整復師」「あん摩マッサージ指圧師」「鍼灸師」といった国家資格の保持者になるためには、最低3年間（大学は4年）専門学校に通い、国家試験に合格しなくてはなりません。しかし、こうした有資格者が、カイロや整体のお手軽な開業者のあおりを受け、**業務独占権を侵害されている**ことは間違いないでしょう。

厚労省も、1991年にはカイロプラクティックの施術「スラスト法」に禁止通達を出しました。頸椎に急激な回転進展操作を加える施術のために危険すぎるからでした。

もちろん、お客がカイロや整体で肋骨を折られる、エステの脱毛でやけどする、タトゥーで感染症になるなどした場合、警察に訴えれば施術者は医師法違反で逮捕されます。

33

ウソ

公証人は正しい文書しか作成しない——はウソだった！

「相続は争族」というのは、親の死後の遺産を巡り、相続人の兄弟姉妹間で揉めることが多いからです。そのため、親が公正証書遺言を作っておけば揉めずにすむ——などと、司法書士や弁護士は商売上いいますが、現実にはそれが**争族を生む原因**になっています。

公正証書とは、法務省任命の公証人が作成する文書で、証明力と執行力のある文書とされます。たとえば、金銭債務に強制執行認諾条項を入れれば、裁判ナシで差し押さえなどの強制執行が行えます。公証人は、検事や裁判官などが63歳や65歳の定年退職後になる準公務員扱いながら、驚くことに公証業務は「独立採算」で「野放し」なのです。

検事や裁判官を定年退職後、弁護士に転じても稼げませんが、公証人はベラボーに稼げます。東京などの大都市で公証人になれば、年収3000万円はザラなので金の亡者にもなるわけです。公証人は70歳の退職年齢までの間、ひたすら荒稼ぎに走るのです。

公証役場は全国に約３００カ所、公証人は約５００名いますが、こうした連中が、年間10万５３５０件（２０１６年）の公正証書遺言の認証業務を奪い合う構図になります。

司法書士や弁護士の間で、**「公証人の認証が出鱈目」**ということは知れ渡っています。ゆえに、親が認知症を発症し、見当識（時・場所や自己の認識）に障害が出て、子供に逆らえなくなると、自宅で介護する長男や長女は、遺産の独占的確保のチャンス到来となります。遺産の額が大きいほど公正証書遺言に自分の取り分を多く記載しておき、他の兄弟姉妹の相続分を一方的に減額・排除することも可能だからです。

そのために、司法書士や弁護士は、格好の手数料稼ぎとばかりに、長男や長女の言い分を文言にまとめ、公証人と打ち合わせ、介護する長男や長女宅まで出張させて公正証書遺言を作らせます。公証人は**遺産総額が多いほど実入りがよい**ので断りません。どんなに親が呆《ぼ》けていようと、名前を呼んで何らかの反応があれば、**遺言能力アリ**と見做し、公正証書遺言を読み聞かせ式で認証します。一方的に相続遺産を減らされた他の兄弟姉妹は、親の死後に争族となりますが、訴訟を起こしても裁判官は公証人の味方なのです。

34

ホント

国会議員に世襲が多いのはオイシイ・メリット満載だから――はホントだった！

日本の国会議員数は、７０７名です（衆院４６５人・参院２４２人）。全体の４人に１人が世襲のボンボン議員です。衆議院では３人に１人、自民党に限れば**半数近くが世襲**なので、安倍内閣を構成する大臣も半分が世襲になり、石を投げれば大体当たります。

ここでの世襲の定義は、議員と配偶者の３親等内に国会議員や地方議員、地方首長がいた場合です。**カバン**（政治資金が無税で引き継げる）、**看板**（知名度）、**地盤**（親の後援会組織をそのまま引き継げる）の三バンを継承するので、圧倒的に他の新人候補よりも有利です。特別扱いで育てられて、若くして立候補し当選回数を上げられ、与党政治家なら、ポストの配分も世襲同士の身びいきでもらえ、いつしか大物議員にもなれます。

もちろん、特別のお育ちゆえに、国民各層の民意など反映していないでしょう。与党なら基本は米国隷従、政治献金が多い大企業優遇の政策で、一族家業の繁栄を守ります。

かくして日本の国会は、２世、３世、４世議員だらけの世界の奇観を呈しています。

日本国民が、世襲議員を不公平な存在で、ひ弱で見識のない輩と見做していれば、彼らは当選できませんが、馴染みのない新人候補より、地元で昔から名前の売れている世襲議員に投票する人が多いので世襲議員は生き延びます。これは心理学の「ザイアンスの法則」そのものです。「人は見知らぬ人に冷淡かつ批判的で、よく目にする人物に好意を抱き、人間的側面を知るほど、より強い好意をもつ」ということなのです。

世襲議員が増えるのは、**「権力・高額報酬・特別待遇」が一挙に手に入る**からです。

歳費と期末手当で年間2211万円、何にでも使える文書通信交通滞在費（非課税）が年間1200万円、立法事務費が年間780万円、政党交付金のおこぼれが最低でも年間1000万円程度、他に政治献金も入り、事務所費タダで秘書が3人も国費で雇えます。

総理になれば、国務大臣19名、副大臣25名、大臣政務官27名、首相補佐官5名など計76名に対し年間2300万円超の報酬が得られる政治任用ポストを配れるので、「1強支配」も可能になります。日本の歴代総理が世襲だらけ――というのも何だか恥ずかしい話なのです。

35

ホント

街角の不動産屋が潰れないのは「オイシイ収入」のおかげ――はホントだった！

総務省が5年毎に公表する「住宅・土地統計調査」によれば、2013年の全国の総住宅数6063万戸のうち、820万戸が空き家です（空室率13・5％）。さらに賃貸用住宅だけに絞ると、1844万戸中、429万戸が空き家です（空室率23％）。すでに**約4物件に1戸は空き家**です。「人口減少・新築住宅過剰」＝「不動産需要の減退」が顕著なのです。賃貸業界の2～3月は繁忙期のはずが近年は衰退してきました。

しかし、賃貸物件の仲介がメイン業務の街角の不動産屋がバタバタ潰れる――かといえば、そうでもありません。いつもガラーンとしている賃貸不動産屋でも、いまだに商売を続けていられるのは、なぜなのでしょうか。**実はオイシイ収入源**がありました。

街角の不動産屋は、名ばかりの「管理」という名目で稼いでいたのです。

家主から物件を「管理物件」として預かり、入居者がいる場合、その家賃の5~7%の管理手数料を受け取る——という仕組みを、20年ほど前から積極的に構築してきたのです。今や賃貸物件の8割強が、こうした囲い込みの「管理物件」になっています。

当然、「管理」と称しても、名ばかりなのでほとんど何もしません。たまに、水のトラブルなどが発生した時だけ、入居者からの通報を受け、専門業者に手配して修理させ、その料金の2~3倍の請求書を作って、**家主に請求するぐらいが「管理」の仕事**です。

家賃の未払いがあっても、それは専門の家賃保証会社が対処してくれるので、督促業務も必要ナシです。定期清掃や見回り点検もしないので、木造アパート1棟全室の管理請負でも、物件はゴミが散らかり、雑草生え放題でどんどん荒れ果てていくわけです。

東京都内の賃貸物件の家賃平均は、単身者用も家族用も含めて10万円ぐらいですから、1戸の「管理」を請け負うだけで、毎月最低5000円が儲かります。200物件で月間100万円、300物件で月間150万円です。オイシイ収入源によって潰れないのです。

36

ウソ

電子書籍は紙の本より大幅に安くなる——はウソだった!

２０１５年時点で、米国では、電子書籍の売上が、紙の本の売上の30％にまで迫り、約50億ドルになりました。一方、日本の電子書籍は、紙の本の売上の13％で約13億ドルです。１ドル１１２円換算で、米国が５６００億円、日本が１４５６億円です。

日本は、米国と比べて電子書籍が伸び悩んでいる格好ですが、これでも日本は電子書籍売上では米国に次ぐ世界2位なのです。なぜ、米国のほうが、日本より電子書籍の伸びが大きいのでしょうか。これには、２つの理由が指摘されています。

①**米国の本は価格が高い**………**米国の本は、日本円で３０００円以上はザラ**です。４０００〜６０００円程度の価格がついた上に、大判で重厚な装丁の本が多いのです。もちろん、日本の８００〜１５００円程度の価格のソフトカバーに該当する本も売られていますが、それだと紙質が相当悪くなります。印刷も不鮮明となり、読みにくいの

です。ゆえに、米国では、電子書籍が紙の本の価格の7～4割程度まで安くなります。もともと紙の本の価格が高いので、電子書籍の価格抑制も容易になるからです。

②米国には大都市でも本屋が少ない……米国は大型書店の数が少ないのです。そのため、本を探しに本屋まで行くのも大変です。小さな個人経営の店があっても、圧倒的に在庫が少なく、ベストセラー本を買いに行くならともかく、本選びには不向きなのです。そのため、電子書籍を安く手に入れたほうが圧倒的に便利というわけです。

さて、日本で電子書籍があまり安くならないのは、電子書籍が漫画以外は売れていないこと、出版社負担の電子書籍化のコストが意外に高いこと、販売するプラットホーム側が、7割近い取次への卸価格を出版社に保証し、版権を使用する――といった仕組みが確立してしまったからです。プラットホーム側が**30%の粗利を20%に減らすぐらいが値引きの限界**なのです。出版社も売れる本でなければ、コストが嵩むので電子化に乗り気になれません。売れない電子書籍は、紙の本を作るよりコストが高くつくからです。

37

ホント

殺人事件の半分以上は親族間で起きている――はホントだった！

日本での殺人事件の被害者数は、ピーク時の１９５５年の年間２１１９人から、長年にわたって減り続け、２０１５年には３１４人の殺人被害者数となり、２０１６年には２８９人まで減少しています。これから先がどうなるかは――神のみぞ知るところです。

２０１５年の人口10万人当たりの殺人被害者数の世界ランキングを見ると、１位のエルサルバドルが１０８・６人、14位のブラジルが26・７人、86位の米国が４・８人、１０７位のタイが３・５人、１６９位のイギリスが０・９人、１７６位のドイツが０・８人、１８２位の中国が０・７人、１９７位の日本が０・３人です。

世界的に見ても、日本は「殺されない」割合で、安全な国といえるのです。

ところで、２０１６年の日本での殺人事件件数では、なんと**55％が親族間によるもの**

でした。289人の殺人被害者のうち、159人が身内によって殺されたわけです。しかも、これは近年徐々に増える傾向にある――というのです。ちなみに、見知らぬ相手に殺された人数は、わずか10％の29人しかいなかったのです。

親族間での殺人が起こりやすいのは、距離が近すぎることが原因として挙げられています。遠慮のない関係性ゆえに、いざという時に歯止めが利かなくなり、暴走してしまうから――というわけです。嫉妬や不公平感などが情緒を不安定にさせるのでしょう。

2016年の親族間殺人は、未遂も含めると425件にも及びます。原因は、介護疲れや金銭困窮などの「将来不安」が3割強、「不仲・トラブル」が2割強、「加害者の心神喪失」が2割です。被害者は、父母が3割強、配偶者が3割弱、子供が2割強で、加害者と被害者が同居しているケースが8割に上ります。しかも殺人未遂で被害者が生存していた場合、**事件後も同居を続けている割合が7割**とは驚かされます。

危機的状況がある場合、再発防止上も未然防止上も、早く別居するのが正解でしょう。

38

ウソ

モンドセレクションを獲得するのは難しい――はウソだった！

食品や飲料などで、「モンドセレクション金賞！」などと、自慢げにアピールしている商品に出会ったことがあるはずです。とりわけ、日本では目につくからです。

モンドセレクションとは、1961年にベルギーで作られた、市販を評価する民間の認証団体にすぎません。

賞という名が付いていますが、認証というのが本来の趣旨なのです。

なぜなら、**同種のライバル商品と比較して、優劣を決めるものではない**からです。相対評価ではなく、絶対評価だからです。出品された個別の食品、飲料、化粧品などの技術的水準や品質を、毎年数十名の独立した専門家が、試験やテイスティングを行って見極める審査を行っている――という評価にすぎません。

モンドセレクションは、世界的に有名ではないものの、日本では有名です。

それもそのはずで、**審査対象の出品の半分が日本からの商品**です。まるで日本をカモにするためにできた認証団体にも見えてきます。

100点満点の評価で、90点以上でグランドゴールドメダル、80点以上でゴールドメダル、70点以上でシルバーメダル、60点以上でブロンズメダルとなります。

2017年は、2965出品のうち、2691品が入賞しています（90・8%）。グランドゴールドメダルが420品（14%）、ゴールドメダルが1368品（46%）ですから、最高金賞と金賞だけで60%を占め、残り30%もシルバーかブロンズです。

おまけに、金賞以上を3年連続で受賞したり、入賞連続10年や25年で、大袈裟な名前のついたトロフィーまでもらえるので、これまた商品PRに使えるようになっています。

出品すれば9割が入賞するのですから、入賞したら毎年必ず出品しましょう――と主催者が手招きしているわけです。ちなみに出品審査料は、食品部門で1150ユーロ（1ユーロ135円換算で15万5250円）なので、毎年の出品を2900としても、4億5000万円程度の売上です。それほど儲かっている認証団体でもないのです。

39

ホント

新聞・テレビのマスメディアは政権癒着の忖度報道――はホントだった！

大手新聞社系列の在京キーテレビ局の視聴率は激減しました。かつてゴールデンタイム（19～22時）の平均視聴率は20％をはるかに超えていましたが、今では10％台がやっとです。ＣＭも入らず、自社の番組宣伝をやたらと流しています。

日本新聞協会のデータでは、２０００年の一般紙とスポーツ紙の合計５３７０万部が、２０１６年10月時点では２割も減って、４３２７万部になっています。

大手新聞も、２０１６年８月のＡＢＣ公査部数では、読売が８９５万部、朝日が６４１万部、毎日が３０５万部、日経が２７２万部、産経が１５８万部と減少しています。

とりわけ、朝日は、「慰安婦報道」の捏造記事の訂正謝罪で大きく減らしています。

しかし、後述しますが、この**公称部数からして相当怪しい**といわれているようです。

かつて、日本の大手新聞社は、世論誘導の力を背景に政権への影響力も甚大でした。

系列下の在京キーテレビ局を作り独占的放送免許を取得し、公共の電波は格安（電波利用料全体のたった6％負担、残りは携帯電話会社の負担）で利用してきました。また、都心の一等地にあった国有地を政府から格安で払い下げさせ、本社まで作っています。

しかし今日、事情は変わりました。ABC協会の刷部数では、実際の購読部数より2〜3割水増しで刷り、新聞販売店に「押し紙」として届けている——といわれています。本社は水増し部数ぶんの紙代を販売店から吸い上げ、後からバックする仕組みだそうで、販売店も、折り込みチラシを水増し部数ぶんの料金で収受しているというのです。

ネットには、こうした大量に余った新聞と折り込みチラシを、販売店がこっそり廃棄物処理業者に渡して、始末してもらう動画があふれていますが、各社は無視しています。

本社は水増し部数ぶんの広告掲載料金を集め、販売店は水増し部数ぶんの折り込みチラシ料金を詐取している疑惑があるわけです。やましいことは、他にも多々ある由で、取材費と称した水増し経費では国税局に度々調査されています。自分たちの不都合な噂にも正々堂々と釈明しないのでは、**政権批判もできなくなるのは当然**といわれるわけです。

40

ホント

リフォーム業界はボッタクリの巣窟——はホントだった！

住宅の購入や、リフォームというのは、人生でそう何度も経験するものではありません。1度か、2度経験することがある——程度といってよいものでしょう。

そういう意味では葬式や結婚式とも通ずるものがあるのです。

お客側にとって、経験値が高くないものについては、業者側との間で「情報の非対称性」が生じます。業者はプロの専門家で、お客側は無知なド素人です。

リフォームのプロが、**「これが相場の価格です」**といえば、お客側は反論できません。こんな市場を経済学では「レモン市場」と呼び、悪質な業者が跋扈しているため、安心して取引できなくなるのです。安く請け負って追加で次々料金を上げる業者もいます。

そのせいでしょうか、有名な業者、大手の業者なら信用できる——ということにもなります。しかし、実際に大手、中堅、零細とリフォーム業者にアイミツ（合い見積もり）

を取ってみると、料金格差が大きすぎて愕然とさせられます。ある木造2階建ての4LDK（延べ床面積30坪）の築20年の戸建て住宅の内外装リフォーム（屋根・外壁塗装含む）の工事価格は次の通りです。大手だと安い新築の家が建つ価格になります。

例　大手A社＝1200万円　中堅B社750万円　零細C社＝280万円

企業規模によって見事に価格がスライドし、**大手や中堅のほうがボッタクリ**なのです。実質的な工事原価は、工事内容にもよりますが、おおむね150万～200万円程度なのに、このように業者によって大きく異なります。零細業者は手抜きが心配ですが、大手だからといって安心はできません。下請けに丸投げするケースも多いからです。業者を選ぶ時には、仕様ごとに細かい明細書で価格を出す業者でないといけません。屋根と外壁塗装なら、標準3度塗りで90万～100万円。クロスの張替は1㎡あたり900円程度で30坪で15万円前後、ふすまの張替は1面1800円前後、畳の表替えは1枚2800円前後、大工や建具工事は、箇所によりますが20万～60万円程度です。

41

ホント

欧米では男女ともにアンダーヘアの処理は常識——はホントだった！

欧米では、男女ともにアンダーヘアの処理をするのが常識になっている——と聞くと、驚かれる方も多いのではないでしょうか。その理由は、「衛生的」「性交時の快適感」「見た目がキレイ」「毛じらみなどの性病予防」「水着着用時に便利」——といったものになっています。たしかに、アンダーヘアは、**排尿・排便時には、接触や付着の懸念**もあり、汗や雑菌の繁殖による匂いや感染の心配があるのも事実です。

日本では女性でアンダーヘアがないことを「パイパン」と呼びます。中国語読みの「白桃」や麻雀牌の「白板」に由来した言葉といわれます。しかも、女性で生まれつきのパイパンだと縁起のよい存在として珍重される——という中国の昔からの伝承もあります。

しかし、日本では、江戸時代の遊郭において、遊女がアンダーヘアを「摺り切り」という方法で切断面を鋭利にしないよう刈り揃える習慣があったとされており、その反動で一般女性は、**むしろ処理しないことが淑女**――というとらえ方もありました。

そうした文化もあり、日本では女性でも、まだ一般的とはいえない現状なのです。男性に至っては、アンダーヘアの処理など、未だ皆無に近い状況でしょう。


ところが、欧米人は、**「アンダーヘア＝不潔」**ととらえる向きが、男女ともに非常に多いのです。フランスやドイツでは、親が娘の18歳の誕生日に、脱毛サロンに連れて行き、4万円ほどの「永久脱毛」をプレゼントするといったことも少なくないほどです。

正確な統計はないものの、アメリカでは、若い男女はアンダーヘアを処理するのが6割以上といいます。ブラジルに至っては8割以上といわれます。完全に処理する場合と、一部を刈り揃えておしゃれに残す場合の2通りがあるのです。なお、イスラム教では、これは当然とされ、男女ともに昔からの宗教的たしなみとされているほどです。

アジアでは普及が遅れていますが、やがて日本でも、アンダーヘアの処理が、当たり前になる日も近いのでしょう。「ヘアヌード写真集」は消える運命かもしれません。

42

ウソ

歯科医は儲かる職業――はウソだった！

1970年代から80年代の歯科医師は、医師よりも大儲けでき、当時の脱税・御三家は「歯科医・産婦人科医・パチンコ屋」でした。健保適用でない新たな診療技法が多く高額請求ができたからでした。その後90年代になると、保険診療の幅が広がり、厚労省は歯科医不足と見立てて、歯科大の定員増や歯科大の新設を進めたため、**毎年3000人単位で歯科医が増える**今日の状況を迎えます。金儲けが期待できなくなりました。

厚労省の統計では、2014年末時点の医師免許保有者数は約31・1万人（日本医師会発表の稼働医師数は約17万人）に対し、歯科医師数は約10・4万人です。一般病院に歯科は併設されていないので、ほとんどの歯科医師は独立して開業することになります。

公立の歯科大の学費は6年間で350万円程度ですが、私立は2000万円台はザラで3000万円台クラスもあります。歯科診療所の開業は、内科医の開業より設備費用が高く、テナント代に300万～500万円、床上げ配管や内外装に1000万～1500万円、医療機器に1300万～1500万円、広告費や開業時の材料費、事務機器、運転資金に1000万円は必要で、都内で開業すれば4000万～5000万円は軽くかかり、家賃も高額です。

こんな状況でも、全国で毎年2000件が開業し、1600件が廃業しています。

保険診療だけでは借金の返済もままなりません。「親知らず」を発見したら、歯周病や虫歯でなくても抜きたがります。埋伏歯の抜歯は、30分以内で抜けば1本1万500円になり、普通の抜歯（1本1300～4700円）より高いからです。また、インプラント治療は自費診療で1本30万～40万円儲かりますが、**事故も多発**しています。

2014年には、東京都北区の歯科開業医（56歳）が1億円の借金を歯科衛生士の妻（51歳）に知られ、「自殺して保険金で返せ」と迫られ自殺する——という事件も明るみに出ました。妻は自殺教唆で一時逮捕されますが書類送検で済み、1億7000万円の保険金を得ています。「夜逃げ」や「自殺」も珍しくなくなった業界なのです。

43

ホント

地方議員は「怠け者の楽園」と化している――はホントだった！

2016年末時点で、日本には47都道府県、20指定市、791市、23東京特別区、744町、183村で、合計1808の地方自治体があります。議員数は、都道府県議員2641名、市区議員1万9556人、町村議員1万1332人です。

全国の地方議員の総数は、3万3529人ですが、1980年代は地方議員総数が7万人近くもいたので、市町村合併を繰り返し、これでも少なくなったほうなのです。

自治体の人口規模にもよりますが、**地方議員の報酬はベラボーに高い**のです。議員がお手盛りで報酬を引き上げてきたからです。年間報酬はざっと3500億円で、1人当たり平均では約1000万円ですが、都道府県議は年間2000万円超です。市議会議員は年間850万円超、町村議員は450万円超です（政務活動費含む）。さいたま市議でも1721万円貰えます。真面目に働いているかといえば、地方議会は「怠け者の楽園」と化し、無用の長物の議員も多く、オイシイ報酬なので世襲議員も大勢はびこっていています。

議会が会期制のため、**年間でも議会に行くのは都道府県議で90日程度、市議で80日程度、町村議で40日程度とヒマすぎます。**時給換算では、ものすごい税金食いつぶしのシロアリポストなのです。驚くべきは、議員年金まであり、掛け金が大幅に不足するため、多額の税金が投入されています（2011年から新規は廃止、既存の受給は継続中）。

ヒマすぎるので、家業に勤しむ議員もいますが、どうやって別名**「裏給与」**と呼ばれる政務活動費を胡麻化すかの算段や、口利きで利益誘導して分け前に与《あずか》ろうと地元の業者に取り入る議員も多いのです。あとは、たまの国政選挙で国会議員のお手伝いで小遣いをせしめます。不倫や淫行をしたり、飲酒運転や薬物中毒で捕まるゆえんでしょう。

選挙で選ばれた首長の行政をチェックするどころか、首長提案の条例案は質問や修正もろくにないまま95％が通り、税金丸抱えの海外視察と称するバカンスまであります。

諸外国の地方議会は、夜開かれたりで議員数も少なく、無給かボランティア報酬です。

44

ウソ

裁判官はいつも公平な判断をする——はウソだった!

民事裁判の経験者は意外に少ないものです。訴訟は金・労力・時間がかかるからです。ところで、多くの人は裁判所に訴え出さえすれば、謹厳実直な裁判官が公明正大なる判決を下してくれる——などと勝手な幻想を抱いているものです。しかし、現実はまったく異なります。目を覆いたくなるような荒涼とした惨状に愕然とさせられるでしょう。

手抜きでテキトー、無責任な裁判官が多いからです。そうなる理由は、大都市では一人の裁判官が**常時70~90もの事件を抱えている**からです。そのうえ勤務評定は、月間の処理件数が問われます。どんな内容の判決文を書いたかではなく、何件終わらせたかが問われます。時間のかかる、面倒くさい判決文など書きたくなくなるゆえんです。書けば判例として残り、控訴されてひっくり返されれば、査定にも影響するからです。

そのため、第一回の期日から、原告と被告の双方を別々の部屋に呼び、「これぐらいの金額でどうなの？　納得しなさいよ。突っ張ってるとお宅のほうが分が悪いよ」などと脅して、**強引に自分の解決策で双方に妥協を迫り、**「和解」させようとします。

双方が「和解」に至れば、あとの事務処理は、書記官に押し付けられます。

残念ながら、これが現在の日本の裁判システムです。

裁判官はろくに訴状も読まず、記録もテキトーにしか見ずに、自分の勝手な思い込みで、双方に妥協を迫るだけの存在に成り下がっています。

正義と公正さに満ちた判決など、とうに期待できない状況になっているのです。

原告か被告のどちらかが、「和解案」を拒否すると、心証を害した裁判官は、拒否したほうに不利になるよう仕向けてきます。自分に逆らうヤツが許せないからです。

未払賃金訴訟でも、230万円払えと元従業員が原告として被告の会社側に求めても、やる気のない裁判官はテキトーな証拠調べで、**「150万で和解しなさいよ」**などと平気で「和解」を勧めるプレッシャーをかけてきます。そのうえ、やる気のない弁護士を付けている場合も、早く終わらせようと裁判官の「和解案」を支持され、途方に暮れます。

45

ホント

探偵業者は法律違反のオンパレード——はホントだった！

「個人情報保護法」は、2003年に施行され、05年から全面施行され、さらに15年9月に改正されて17年5月30日からは、すべての企業を対象に施行されるようになりました。こうした法律があるのに、なにゆえに探偵業という個人情報を暴くような胡散臭い商売がまかり通っているのでしょうか。

実は、05年4月からの個人情報保護法の全面施行直前に、警察庁生活安全課局が、「興信所業者が講ずべき個人情報保護のための措置の特例に関する指針」を打ち出して探偵・興信所業者の救済を図りました。個人情報保護法18条4項の「利用目的通知」を除外したのです。これにより調査対象者にいちいち「あなたのことを、これから調べます」と告げることなく、これまで通りに**勝手に隠密裏の調査が可能になった**のです。

ところで、この業界は、表向き「法令違反の調査は行いません」と謳っています。それはそうです。昔から犯罪のオンパレードの違法調査を行ってきたため、06年に「探偵業法」が成立し、07年6月からは届け出制になったほどだからです。今では、探偵が本業でない便利屋までも、警察署経由で公安委員会に届け出をして「尾行・張り込み・聞き込み」などの一番儲かる行動調査を行うところも出てきています。尾行・張り込みは通常2人1組でタッグを組んで行い、**1時間2万円以上も稼げるオイシイ業務**です。

浮気調査の場合、ターゲットが浮気をしそうなタイミングに、依頼者からの連絡を受けてスタートしますが、空振りも多く、尾行・張り込みの時間はどんどん経過します。浮気相手がホテルに入る時には入りと出をビデオで証拠撮影し、浮気相手が出てきたら、次は浮気相手を尾行して素性を洗います。こんなことを繰り返せば100万、200万ぐらいの費用はすぐにもかかり、離婚が成立しても慰謝料相場も同程度なので、**探偵業者だけがウハウハ儲かる**のです。この業界の人は口を揃えて、「ほとんどの調査は、バレないように違法行為をしなければ完遂できない」と本音では語っています。

第3章 お金のウソorホント

46

ホント

宝くじは買えば買うほどビンボーになる――はホントだった！

２０１６年度の宝くじの売上高は、８４５２億円となり、２００５年度のピーク時の１兆１０００億円から2割強も減っています。そのせいか、年5回発行のジャンボ宝くじの1等当選金を7億円（1等前後賞1・5億円 ※２０１７年）にまで引き上げ、人気挽回に躍起です。

しかし、当選金に充てる還元率は、たったの47％しかないので、他の競馬や競輪、競艇などの公営ギャンブルの還元率75％と比べても低く、民営パチンコの85％の半分程度のため、最も効率の悪いギャンブルになっています。1枚３００円の宝くじの当選確率は１０００万分の1です。**1年間に雷に撃たれて死亡する確率と同じぐらい低く**、買えば買うほどビンボーになることだけは確実――といえるものなのです。

宝くじを買う人には、次のような「認知バイアス」がはたらいています。

※**感情バイアス**……自分だけは当たるかも——という楽観的思考に陥り、ワクワクする。
※**確証バイアス**……高額当選者の7割が10年以上買い続けた人という**都市伝説**を信奉。
※**正常性バイアス**……2・4時間毎に千万長者誕生と聞き、買うのが正しいと考える。
※**喪失不安バイアス**……買うのをやめると、今までの資金と努力が無駄になると思う。
※**集団同調性バイアス**……行列を見ると、自分にもチャンスが訪れるような気がする。
※**正当化バイアス**……ツキのある時やツキのない時、自分や他人を利用し買いたくなる。
※**アンカーバイアス**……ツキや運のない人が当たったと聞くと、自分も当たると思える。

そこに、**「買わないと当たりません」などの呼び込みの声**が、背中を押してくれます。

自治や社会貢献の建前を謳っていますが、金の流れは、全国の自治体の無駄な公共事業に流れるだけでなく、そこには国の総務省所管の100以上の公益法人、団体が巧妙にぶら下がります。これらに総務省OBが、次々天下りし高給を食む構図があるのです。

億万長者を夢見て、お小遣いで宝くじを買う庶民は、「いいツラの皮」でしょう。

総務省OBたちが、寄ってたかって食い物にする「利権の巣窟」そのものだからです。

47

ウソ

「外見の良し悪し」と経済格差は関係ない――はウソだった！

美人やハンサムは、世渡りにおいて何かとトクをしている――と感じる人は多いでしょう。外見がよい人は、注目度も高くなり、周囲もチヤホヤしてくれることは経験則でもわかります。ところで、これを**数値化したアメリカの経済学者**がいました。

テキサス大学のダニエル・S・ハマーメッシュ教授による著書『美貌格差　生まれつき不平等の経済学』（東洋経済新報社刊）には、面白いデータが記されています。

外見が平均より上の女性は、平均の女性より8％収入が多く、平均より下の女性は4％収入が少なかったというのです。つまり、**美人と不美人との間には、12％もの経済格差がある**ことになります。また、外見が平均より上の男性は、平均の男性より4％収入が多く、平均より下の男性は、13％も収入が少なかったというのです。ハンサムとブサイクとの間には、17％もの経済格差があることになります。

アメリカは肥満が多いことに加え、美醜の基準も異なるでしょうから、これを日本の事情に置き換えるのは無理がありますが、日本の生涯賃金でとらえると、次のような経済格差にもなるのです。各種の労働指標をまとめた「ユースフル労働統計」による60歳までの従業員1000人以上の大企業の生涯賃金（同一企業で退職金を含まない）のデータです。

大卒女性の平均生涯賃金は2億6000万円なので、美人だとこれより2080万円多く、不美人だと1040万円少ない生涯賃金になり、その差は3120万円です。

大卒男性の平均は3億50万円なので、ハンサムだとこれより1220万円多く、ブサイクだと3906万円も少ない生涯賃金になり、その差は5120万円です。

男性でブサイクだと、**女性の場合よりも、悲惨な結果になる**ことが窺えます。

こうした調査データは、他の研究でもいろいろありますが、大学の成績においても、企業での昇進においても、美人やハンサムだと有利になることが明らかになっています。

整形が多いといわれる韓国の実情は、なかなか的を射た行動なのかもしれません。

48

ウソ

高学歴の人は億万長者になりやすい——はウソだった！

受験勉強に勤しみ、偏差値の高い大学を出たほうが、経済的にも成功し、豊かで安定した人生が送れる——と信じる人は多いですが、これは**ほぼ当てにならない考え方**です。

まずは、お金持ちになるための方法から考えてみましょう。8つの方法があります。

①金持ちの親から高額遺産の相続を受ける。
②金持ちの子息や令嬢と結婚して、豊かな一族に加わる。
③外資系金融エリートのような超高給の仕事に就いて頑張り、蓄財に励む。
④サラリーマンの本業だけでなく、効率のよい副業を見つけて蓄財する。
⑤株や不動産などの投資の勉強に励んで資産形成に成功する。
⑥脱サラ独立して起業を成功させて富を築く。
⑦スポーツや芸能、エンタメ作品などの特殊技能で才能を発揮して蓄財する。

⑧画期的な発明・特許などで莫大な富を得る。

ざっと眺めると、どれも簡単ではありません。高学歴で名門大企業に就職した人は、一定の「安定生活」が得られます。そのため、今度はその立場を失うことが怖くなるようです。高学歴で名門大企業勤務といったプライドもあり、安定生活に満足するほど、その維持のためにも、**会社に対して精神的にどっぷり依存心・従属感を深める**のです。するとと、知らず知らずに「安定ボケ」となり、日々の節制にも疎くなっていきます。

米国の富裕層研究家で、多くの富裕層にインタビューしたトマス・J・スタンリー博士（元ニューヨーク州立大教授）も、著書の『となりの億万長者』（早川書房刊）で同じような趣旨を述べています。彼らに経済的成功をもたらしたのは、「正直さ・自制心・努力・良好な人間関係」といった人間的資質面で、**IQや高学歴、大企業といった高スペックは関係がない**ことを指摘しています。夫婦ともども節約家で、質素な生活を好み蓄財優等生に徹すれば、誰もが億万長者になれる可能性がある――とも説いているのです。

49

ホント

日本には100人に1人の割合で億万長者がいる——はホントだった！

野村総合研究所の推計では、2015年の純金融資産（現金・預金・債券・株式など）の保有に絞ると、世帯別では5億円以上の「超富裕層」が約7万世帯、1億～5億円未満の「富裕層」が約114万世帯、5000万～1億円未満の「準富裕層」が約315万世帯、3000万～5000万円未満の「アッパーマス層」が681万世帯、3000万円未満の「マス層」が4173万世帯になります。

1億円以上の金融資産保有世帯だけを合計すると、121万世帯なので、総世帯数の2・2％に相当することになります（世帯の平均構成人数は、2・4人）。

世帯主が、ほぼすべての金融資産を保有すると仮定すれば、121万世帯は121万人の世帯主ゆえに人口比では0・95％（121万÷1億2711万人）となり、日本では約100人に1人が1億円以上の金融資産を保有していることになるわけです。

なお、2015年のクレディ・スイスによる金融資産と不動産資産の合計保有者推計では、1億円以上が212万人（人口比1・6％）なので、さほどの乖離はないのです。

1億円という保有資産額が重要なのは、これだけあると、利回り3・5％の株式で運用すれば1年間に350万円の収益が得られ、利回り7％の賃貸不動産で運用すれば同じく700万円の収益が得られるからです。**不労所得を生む最低限度が1億円**なのです。資産が何年で2倍になるかの「72の法則」に照らすと、年間7％の複利計算なら「72÷7％＝10・285」ですから、10年ちょっとで1億円は2億円になります。

フランスの経済学者トマ・ピケティは、ベストセラーの著書『21世紀の資本』で資本主義の矛盾を表す不等式「r（平均年間収益率）＞g（経済の成長率）」を示しました。資産が増える割合のほうが、賃金が増える割合よりも大きいのです。

「富める者はますます富み、貧しき者はますます貧しく」という聖書の言葉通りに、資本主義は放置したままだと貧富の格差は広がるばかり――ということにもなるわけです。

50 ウソ マイホームをローンで購入するなら郊外がいい――はウソだった!

マイホームをローンで購入する人は、次のようなメリットを理由に挙げます。

①将来の資産になる。②貸家では家賃を払い続けるだけで損。③ローン金利が低い。④ローンが終われば老後が安心。⑤高齢者は孤独死リスクで住居が借りにくくなる。⑥ローンは団体生命保険付きなので、主の死亡時にはローン残債がチャラになる。

しかし、**人口減少が続く日本では家余りとなり、デメリットだらけ**ともいえるのです。

①収入が減るとローン返済に行き詰まる。②返済途中で売却すると残債のほうが大きい。③勤務地が変わってもマイホームは動かせない。④ローン完済時には資産価値も激減。

いくら低金利でもローンは借金です。

借金をして価値が減るものを購入するのは、愚かな行為といえます。

将来的に価値が上がるものを購入するなら借金する意味もありますが、マイホームは一銭もお金を生まない、人生の足かせになるものにすぎないからです。

ベストセラー『金持ち父さん　貧乏父さん』の著者ロバート・キヨサキ氏も、住宅ローンによるマイホーム購入には否定的です。「資産」の定義に入れない考え方を示します。「資産とは、あなたのポケットにお金を入れてくれるもの。負債とは、あなたのポケットからお金を奪っていくもの」として、一般的な概念とは異なる見解を披露しています。

日本はこれから急激な人口減少に見舞われます。年々住宅は余剰となり、住宅需要は激減していきます（84頁参照）。将来、空室だらけの住居は今よりもっと安く買えます。家賃が安くなる賃貸住宅に住み、蓄財に努めたほうが老後資産も安泰になるはずです。

日本では、**都心の一等地でないと住宅の価値は激減するだけ**なのです。

51 ホント

清涼飲料水は10円の激安価格で買える――はホントだった！

ネット通販でまとめ買いすると、コーラやジュースといった清涼飲料水は、市販価格の半額ぐらいの値段で買える場合も少なくありません。しかし、安いからといって大量に同種の清涼飲料水をまとめ買いするのも大きな出費ですし、住居スペースも無駄に塞がれます。蓄財の優等生になりたいなら、こんな市販の飲み物など一切買わないのが一番ですが、たまに子供が欲しがる――という人には知っておいて便利な情報があります。

世の中には数は多くないものの、**「格安自販機」「激安自販機」**と呼ばれるものが存在するからです。こんな自販機を見つけておくと、ここぞの時に意外と便利です。

通常120～160円の価格帯で自販機で売られる清涼飲料水も、こうした「格安自販機」や「激安自販機」では、**10円から100円などという安い価格で買える**からです。安い価格で売られるのは、もちろん売り切りたいためです。清涼飲料水に限らず、食品などには、必ず「賞味期限」や「消費期限」がつきものです。そのため、閉店間際のスーパーに行けば、総菜類の食品などは、かなり安く買えるものでしょう。

自販機における清涼飲料水の業界でも、これと同じカラクリがはたらいています。スーパーやコンビニなどは、メーカーから賞味期限が半年を切っている商品は仕入れてくれません。そこで格安自販機を展開するベンダー業者の出番となるのです。

格安自販機業者は、賞味期限が半年未満になった清涼飲料水を扱っています。メーカーから、これを製造原価に限りなく近い15～25円程度で仕入れ、100円、70円、50円などの値付けをして販売しているのです。そして、賞味期限が1カ月を切った商品なら、見切り処分で10円の価格でも売りきろうとするわけです。

こうした自販機は、人通りの少ない場所や、雑居ビルの1Fフロアなどの、**一般的な自販機が置かれていない所に置かれます**。つまり、一般的な自販機では、大した売上が見込めないデッドスペースだからこそ、コアなファン向けに格安販売しているわけです。

52

ホント

印税負担を回避する出版社が存在する——はホントだった!

60年ほど前までの出版界では、印刷して出版する本の奥付には、直接著者の検印を押したり、検印シールを張り付ける——といった慣習がありました。これは、著者に約束した出版部数以上を、出版社が内緒で「闇刷り」して儲けることのないよう、**インチキ増刷に歯止めをかけるための出版界のルール**だったわけです。かつては、このように、出版される本の奥付には、必ず著者の検印が押されたり、検印シールが貼られていたのがふつうでした。しかし、1960年代の高度経済成長とともに出版部数も増える中、著者と出版社の信頼関係から、このような面倒な作業を伴う慣習はすっかり廃れていきます。今では著者と出版社との間で、初版部数を契約書に明記するのみとなっています。

一般に著者に支払われる出版料金は、「価格×初版部数×10%=印税」となります。初版部数が多いほど、著者は印税によって、本が売れても売れなくても潤います。

そして初版の売れ行きがよければ、次々と重版と呼ばれる増刷がかかります。本の奥付には、2刷、3刷と記されます。著者は刷部数が増えるほど、その分儲かるわけです。ところで、近年の出版不況の中（76頁参照）、「うちは実売システムです」と著者に本の執筆を依頼する出版社があります。初版刊行時に「原稿料相当額の保証」と称し、一定金額の「掴み金」だけ渡し、本来の印税相当分以上の刷部数を発行し、売れ行きがよいと2刷、3刷と増刷するのです。しかし、このシステムでの契約は、出版社にとっては、本が売れない時のリスク軽減に役立つものの、精魂込めて執筆した著者にとってはまことに不利な契約です。出版社は、初版刊行時には編集費やデザイン代などの制作コストがかかりますが、増刷になると紙代と印刷代だけなので、その分かなり儲かります。

しかし、「実売システム」では、増刷がかかればかかるほど、市場に出回る部数は多くなるものの、同時に書店からの返品も増えます。倉庫の在庫が膨らみ続け、半年毎の実売部数確定時には実売数はマイナスとなり、著者への支払いが一切生じなくなるのです。増刷が何度もかかるほど売れていても、著者にはお金が入らなくなる仕組みなのです。

53

ホント

冷凍食品は「半額セール」で買わないと大損する――は**ホントだった！**

スーパーでたまに見かける冷凍食品の「半額セール」ですが、これは賞味期限切れが近いための見切り処分――と思ったら大間違いです。実は、業界では長年の慣行となっている**集客狙いの「おとり商法」**だからです。たとえば、毎月5のつく日（5日、15日、25日）などと日付を決めて、「半額セール」を行います。何といっても、通常価格の「半額セール」なので、お客さんは「これぞチャンス」とばかりに、まとめ買いをしてくれるのでよく売れるからです。「半額セール」という殺し文句はインパクト大だからです。

しかし、ふだんの通常価格が、半額価格の「アンカー」になっているだけです。「アンカー」とは、船の碇《いかり》のことで、船はいったん碇が降ろされると、その位置から動けなくなります。

つまり、「冷凍チャーハン」が通常価格500円なら、500円という価格が、基点としてイメージに刷り込まれるわけです。ここを基点にして、人は思考を展開するからです。ゆえに、「半額セール」とは、ものすごくオトクだと思わされます。

これを心理学では、**「アンカリング効果」**と呼んでいます。カラクリは、「冷凍食品はふだんあまり売れなくてもよい」とスーパーもメーカーも考えているのです。「半額セール」の時に、通常価格時の10倍、20倍売れてくれればオンの字だからです。

冷凍食品の「半額セール」は、「不当景品類及び不当表示防止法」に抵触しないよう、ふだんは2倍の価格で売っているので、「半額セール」は嘘ではなくなります。

厳密にいえば、「半額セール」の表示以前の8週間内に、半分以上の期間（4週間）において、通常価格で売られた実績があれば虚偽表示にならない――という定めがあるのです。月に数回**「半額セールス」で売上を伸ばすのに、格好の法律**といえるのです。

ちなみに500円の冷凍チャーハンの仕入れ値は、大体35％程度の175円なので、半額の250円で売っても粗利率30％で75円儲かります。通常価格の500円で売れれば粗利率65％になり、325円も儲かります。半額で買わないと消費者は大損なのです。

54

ホント

コンビニ・オーナーは「奴隷労働」を強いられている――はホントだった!

コンビニチェーン店を複数店経営し、儲かっているオーナーもいますが、全国に5万5000店舗も広がり、競争が激化した昨今は、コンビニ店経営は熾烈を極めます。

まず、**人手不足でスタッフ時給が高騰**しています。かつて多かった中国人バイトは煩雑すぎる作業を嫌って集まらなくなり、今では日本人高齢者やベトナム人留学生が主力です(留学生は1週28時間まで、夏休みなどは1日8時間内、1週40時間まで就労可)。こうした環境下、人件費負担がオーナー経営者の利益を奪い去っていくのです。

また、コンビニのチェーン本部も、以前ほどウハウハ儲からなくなり、加盟店への支援策強化で利益率を圧迫気味です。しかし、フランチャイジー(加盟店経営者)のほうは、売上が伸びずにもっと大変なことになっています。

借金苦から本部を訴えたり、奴隷労働の挙句に自殺、自己破産、離婚、失踪、家庭崩壊などが多いのが実情です。もちろん、本部を訴えても、鉄壁の契約条項には抗えず、**ほぼ敗訴しているのが実態**ですが、コンビニ本部はマスメディアの重要なスポンサーなので、こうした事情が報道されることもないわけです。

オーナー経営者といっても自由裁量はありません。加盟時には家族2人で働けることを条件に、初期費用に500万～700万円ほどを負担、契約は10年から15年の長期の縛りです。途中でやめたら、数百万円の違約金です。土地や建物を自分で用意する人や本部に借りてもらうケースなどで本部へのチャージ率など契約形態はいろいろですが、一番奇妙なのは、本部へのチャージ率が高すぎることです。普通の商売は、売上から売上原価を引いたものが粗利益ですが、コンビニ会計では、売上原価に商品廃棄分や盗難・紛失などの棚卸減耗損を含まず、粗利が大きく膨らみます。その分本部へのチャージ率が大きくなり、**毎日出る廃棄商品やロス（万引き）はオーナー負担**なのです。

そのうえ、なまじ儲かっていると近所に店を出され、売上を減らされます（ドミナント戦略）。コンビニ経営は「奴隷労働」といってよいほどの状況にさらされているのです。

55

ウソ

プロパンガス料金は正当な価格設定がされている――はウソだった！

2016年4月からの電力全面自由化に続き、17年4月からは都市ガスの小売自由化も始まり、価格に競争原理がはたらくようになりました。ただし、総括原価方式による国の認可による規制料金も大手と直接契約する家庭の場合は残っています（公共料金）。

しかし、こうした自由化もプロパンガス（LP）利用者にとってのメリットは何もなく、全国の家庭用ガスのうちプロパンガス（LP）利用者比率は約4割に及んでいます（簡易ガス含む）。地域独占を許された都市ガス会社が全国に約200社あるのに対して、どこでも営業できるプロパンガス会社は、何と全国に約2万社もあります（コンビニ店舗数は5万5000店）。しかも、**自由料金なので一部でボッタクリが横行**しているのです。

自由競争なのにボッタクリ料金が生じていたのは、業者間で談合もどきの紳士協定があり、お互いが囲い込んできた顧客は奪わない――という仁義が切られていたからです。

そのため、都市ガス料金よりも2～3倍も高いボッタクリ料金がはびこるわけです。

標準的な家庭では、冬場に月間30㎥程度のプロパンガス利用です。熱量は、都市ガスの約2倍なので、都市ガス換算では、60㎥で均衡します。次の例をご覧ください。

※東京ガスで、「基本料1036円＋単位料金128円×60㎥＝8716円」
※某LP会社だと、「基本料1800円＋単位料金650円×30㎥＝2万1300円」

こんな料金差が生じている家庭が実際に存在します。暴利を貪る業者がいるからです。安い料金で契約し、**いつの間にか勝手にジリジリと値上げする手口**も多いでしょう。

また、賃貸のアパートやマンションなどの集合住宅の場合だと、オーナーが建築時に、プロパンガス業者と一括契約で、設備導入費を無料とし、給湯器やエアコンまで設置してもらう例が多いのです（10年契約など）。そして、業者はこのコストを入居者の月々のLPガス料金から回収します。入居者は高くついても、この場合どうにもなりません。

近年は業者も「仁義なき戦い」で、「LPガスの見直し」を掲げる業者も増えています。

56

ホント

立ち食いそば店の「そば」は実は「うどん」――はホントだった!

そばは、100%そば粉の「十割そば」より、そば粉につなぎとして小麦粉を2割の比率で加えた「二八そば」が、一番おいしいともいわれています。

しかし、立ち食いそば店の「そば」は、**そば粉が1~2割で、8~9割は小麦粉**のケースが少なくありません。小麦粉100%で、色だけ着色した偽物のそばまであります。

そば粉が0%、あるいは1~2割しか入っていないのでは、「そばもどき」か「九一そば」「八二そば」になってしまい、もはや「そば」と呼ぶより、「うどん」なのです。

もちろん、いずれにしろ、使うそば粉や小麦粉は、安い外国産です。

一杯300円の「かけそば」や410円の「かき揚げそば」といった低価格で提供するためには、「うどんもどき」の「そば」にならざるを得ないわけです。

しかも、業務用外国産そば粉(多くが中国産)でも、100gで50円程度(国産は2

倍）もしますから、これをそのまま使ったのでは全体の原価率が3割を超えてしまい、テナント料の高いエキナカや駅前の一等地に店を出すのは不可能になります。

１００ｇで20円程度の業務用外国産小麦粉（99％がアメリカ・カナダ・豪州産）をたっぷり使って、「そば」を演出するよりないわけです。ちなみにスーパーなどで「そば」を売る場合と異なり「そば粉」の比率が３割以下でもＪＡＳ法違反にはなりません。

街の一般的ソバ屋さんでも、国産の「そば粉」だけを使っている店は、ほとんどありません。そもそも**国内産自給率は、そばが2割程度、小麦は1割程度しかない**からです。

街のソバ屋さんのメニュー価格は、立ち食いそば店の2倍以上です。

立ち食いそば店では、そばを安く、早く、おいしく提供するために、涙ぐましい努力をしています。大手チェーンでは、そば粉比率が4～5割のところも出てきています。

原価構成は、「かけそば」の場合、麺が40円前後、汁が20円前後、ネギが5円前後で65円ぐらいなので、一杯３００円なら原価率は約22％です。トッピングのかき揚げ（原価40円前後）を載せて、４１０円で売れば原価率は25・6％になるのです。

57 ウソ

「ハンバーガー」「牛丼」「回転寿司」は原価率が安い――はウソだった！

ファストフードの代名詞といえば「ハンバーガー」「牛丼」「回転寿司」がすぐにも思い浮かびます。「早い」「安い」「うまい」の三拍子が揃っています。ところで、これら3種の業態は、原価率が非常に高い商品構造になっています。通常、飲食店の原材料費は、3割以下に抑えるというのが定石です。そうでないと、人件費、家賃、水道光熱費などが、粗利を超えて赤字になってしまうからです。それなのに、これら3種の**ファストフードは、推定原価率が40％を超える**ものになっているのです。

たとえば、ハンバーガーの原価率は、バンズ（パン）10円、肉18円、野菜10円、ソース7円の計45円です。１００円で提供すると、原価率45％になっています。

牛丼の場合は、牛肉80円、タマネギ6円、たれ30円、ごはん40円の計１５６円です。輸入牛肉の高騰が響き、並盛３８０円で提供すると原価率41％になります。

回転寿司の場合は、もっとすごいことになっています。ネタで一番高いウニが85円、マグロ75円、いくら70円、ハマチ64円、サーモン64円、ヤリイカ54円で、これを100円で提供すると、原価率もそのままの数値になってしまいます。100円で出せなくなっているチェーン店が増えているのも頷けます。

こんなに原価率が高くても、やっていけるのは、原価率の高いものは主な看板メニュー商品だけで、**他のサイドメニューで利益を出す方式**なのです。ハンバーガーショップなら、ドリンクの原価率はたったの2〜5%、ポテトは3〜5%、ナゲット9%程度です。牛丼店は、味噌汁15%、豚汁20%、しじみ汁20%、生卵20%などがあります。回転寿司ならツナマヨ10%、かっぱ巻き10%、たまご20%、エビ25%といったネタもあるのです。こうして、かろうじて全体での原価率を40%前後に抑えます。

「均一価格の安さ」を前面に打ち出し、原価率の極端に異なる商品を並べて集客するやり方は、**100円ショップの「マージンミックス戦略」**と通じるものがあるわけです。

58

ウソ

「生命保険商品」はもっともオトクな保障――はウソだった！

保険商品の販売サイドにおける「欺瞞性」については66頁で解説しました。過大な販売コストに驚かれたはずです。保険は加入者との利益相反で矛盾の塊になっています。

ここでは生命保険の商品構造の「理不尽性」について紹介します。まず、**日本の生命保険料は世界一高く、同様商品の比較で米国の2倍**です。生命保険文化センターの発表では、２０１５年に1世帯当たり年間38・５万円も支払い、世帯加入率は9割近くに及びます（１９９７年のピーク時は年間67万６０００円）。年間市場規模は40兆円です。

30歳男性が、10年満期、死亡時３０００万円、特約ナシの生保に加入した場合の大手生保会社の月額保険料は７０００円前後で、ネット生保では３０００円前後になります。

保険には、万一の保険金の支払いに充てられる**「純保険料」**と、保険会社の粗利分（経費や利益）に相当する**「付加保険料」**があります。月額７０００円の大手生保商品の場合、「純保険料」はたったの35％程度で、ネット保険でも77％にすぎません。

大手の場合、「純保険料」よりも「付加保険料」が断然多いのです。テレビCMを出しまくり、販売サイドに多大な手数料を還元します。広告費や人件費が過大なのです。保険は万一の時でも、契約書に記された膨大な免責条項を持ち出し、保険金が支払われないケースも多く、特に**医療保険は免責てんこもり**です。2001～2010年の10年間で特約を付けていながら、「請求がなかったから見逃した」という保険金不払い事例は116万件、1136億円に上ります（金融庁調べ）。自分の万一の時のためというよりも、保険会社関係者を食べさせるために、保険に加入しているようなものなのです。

その点、**営利を目的としない「生命共済」は、「純保険料」に相当する給付金と割戻金が約97％もあります**（2017年の埼玉県民共済の実績）。掛け金が激安（毎月2000円でも半分近く戻り実質1000円）で、死亡保障は400万円と少ないものの、病気入院1日8000円、入院手術5万円、外来手術1万円と、死亡と医療がセットでオトクなのです。

59

ウソ

格安スーツ店の「2着目1000円セール」はお店にとって負担——は**ウソ**だった！

格安の紳士服専門店に行くと、1着1万5000円とか、1着2万円、1着3万円、1着4万円といった段階式・価格表示の商品棚にお目にかかれます。

この場合、店舗側が一番売りたいスーツは、2万〜3万円台クラスの商品というのはお気づきでしょう。上位価格帯と下位価格帯が同時に並んでいると、人は中位価格帯を選ぶ心理がはたらくからです。

お寿司屋さんのお昼の握り定食の「松2000円・竹1500円・梅1000円」というのと同じです。**梅は安っぽい感じにさせられ、松は贅沢すぎる——と思わせ、中間の竹が無難——と思わせて選択させる**わけで、中間の「竹」の売上が一番大きくなります。一番売りたい商品があったら、上と下にも価格を比較できる商品を並べるとよいのです。

こんな売り方の他に「抱き合わせトリック」というのも紳士服専門店ではよく行われています。「2着目1000円セール」です。

スーツを1着9800円の激安価格で販売し、インパクトを狙うのも悪くないでしょうが、こんな安売りセールでは、利益率が圧迫されて消耗してしまいます。

そこで、スーツ1着目を1万5000円として、2着目は1000円で売ります――という商法です。お客さんは、1着を1万5000円で買うよりも、この際2着目も買ったほうがトクだと思います。2着目も買えば1万6000円ですが、1着平均は8000円になるから超激安に思えます。**お客さんは、必ず2着買ってくれる**はずなのです。

たとえば、スーツの仕入れ値が、3000円だとしたら、1着9800円の激安価格で売った場合は、粗利は6800円だけです（9800円－3000円＝6800円）。2着で1万6000円で売る場合は、仕入れ値は2着で6000円ですが、粗利は1万円になり（1万6000円－6000円＝1万円）、お店はトクをします。

スーツは1着売るのも採寸などの手間は一緒なので、2着抱き合わせが儲かります。

60

ホント

「家事代行サービス」は自治体を利用した方が激安――はホントだった！

共働きで忙しい夫婦には、家事の悩みもつきものでしょう。

部屋の中が片付かない、掃除が行き届かない、夕食の準備がままならない、洗濯やアイロンがこなせない、子供の面倒を見られない……など、核家族ならではの家事労働の制約に直面している夫婦も多いものです。

そんな時に、家事代行サービスが使えたら便利――とばかりに、家事代行サービス会社のHPをご覧になった方も少なくないはずです。そして、**2時間5000円＋交通費1000円**などの料金表を見て、ため息をつくことになるはずです。民間業者のサービス料金は軒並み高いために、とても利用できません。

業者の中には**「富裕層専門の家事代行サービス」**などと謳い、最初から面倒な庶民などを相手にしたくない――といわんばかりの業者までが散見されます。人を雇用してサービスを行わせる事業となれば、当然マネジメントする企業の付加価値分のコストや利益が乗っかってきますから、料金がリーズナブルでなくなるのも当然なのです。

そこで、ご紹介したいのが、全国の自治体にある「シルバー人材センター」の活用です。各都道府県別の最低賃金に準拠した時給換算（東京958円）ですから、民間業者の価格と比べると激安です。**1時間当たり高いところでも1000円ほど**です。シルバー人材センターには、概ね60歳以上の高齢者が、自分の得意分野で登録した会員が大勢います。

自治体との雇用関係はありませんが、自治体が会員との橋渡し役となって、地域の個人や法人からの仕事の依頼を斡旋・紹介するシステムなのです。これなら週2回2時間で家事を依頼することも可能になるでしょう。高齢者といえど、スキルは高いのです。

面白いことに、シルバー人材センターの紹介は家事代行だけではありません。障子や襖、網戸の張替えや、植木の手入れ、大工や塗装、除草、パソコン訪問支援まであり、いずれも激安です。業者に頼む前に、自治体に問い合わせることをお勧めします。

61

ウソ

長財布を使う人はお金が貯まる——はウソだった！

お金の貯まる人は長財布を愛用している——という**都市伝説**が広く流布されています。一方では、二つ折り財布を愛用している人は超富裕層に多い——といった逆の噂もあります。一体どちらが正しい説なのでしょうか。

長財布は、お金との縁が深まる——と考える人が多いようです。理由は、お札が折られることなく、収納されるから、お金にやさしいといいます。反対に、二つ折りの財布は、お札が折られるために、お札が曲がったまま収納されるため、お札を大事に扱っていないため、お金が入ってくるのを嫌がるようになる——ということのようです。お金は大切に扱ってくれる人のところに集まるそうなのです。

お金を擬人化しています。お金に人格があるかのように喩えていますが、一体誰が何の目的でこんなことを広め始めたのでしょうか。

長財布製造や販売に関わる業者たちの陰謀でしょうか。

そして、それに反旗を翻そうとした、二つ折り財布の製造や販売の業者たちが、「超富裕層」などと持ち出すことで、逆襲に転じてきているのでしょうか。

しかし、財布の製造・販売の業者なら、一方だけに肩入れしないでしょう。長財布も二つ折り財布も両方とも作っているはずだからです。

要するに合理的思考の人は、長財布や二つ折り財布を使うとお金が貯まる――などとはけっしていわないのです。**長財布や二つ折り財布の信奉者は、縁起担ぎが好きな人**であることは間違いないでしょう。縁起を担ぎたい人は、概して何かに頼りたい人です。

神仏や占いといったオカルトにも影響されやすい人――ともいえるかもしれません。

長財布がよいとか、二つ折りがよい――とかの、おまじない好きな人は、そうしたウンチクを人前で平気で語り、悪い人に付け込まれない用心のほうが大事かもしれません。

62

ウソ

「新築分譲マンション」を買ったらトクをする——はウソだった!

建物などの価値の減少分を計算する場合は、減価償却計算に従います。マンションの場合は、この計算式では、法定耐用年数は47年です。鉄筋コンクリート造(RC)や、鉄骨鉄筋コンクリート造(SRC)が該当します。**法定耐用年数が長いと、新築でも中古でも、ローンが長く組める**ので木造物件(22年)よりも取得がしやすくなります。

昔は60年の法定耐用年数が認められていましたが、1998年に改められました。

その理由は、当時の配管埋め込み式コンクリート造りの建物が、劣化した配管の交換ができず、次々解体せざるを得なかった背景に鑑みたからでした(配管寿命は30年程度)。

現在の工法は、構造体と配管設備は別々ですから、構造体は理論上、100年でも200年でももつ——といわれます。ただし、耐震性能はこれとはまた別の話です。

しかし、RCやSRC造のマンションは、非常に強固であることは間違いありません。

コンクリートの原料のセメントは国産で廉価です。平均的なマンションの建築費用は坪単価で鉄筋および鉄骨鉄筋で70万円前後になります（２０１６年度国土交通省資料）。これに土地価格と建築主（分譲デベロッパー）の利益20％程度を合計したものが、マンションの分譲価格になるわけです。高層階を高く、低層階を低く値付けします。

ここ数年の日銀の異次元緩和によって、都心のマンションは新築、中古ともに値上がりしてきましたが、基本的には中古が新築より安くなります。

耐震基準では、１９８１年（昭56年）６月に建築基準法が改定されました。阪神・淡路大震災クラスの震度7でも、建物が倒壊・崩壊しないような新基準です。83年以降の竣工物件なら、まず新耐震です（マンション建設には2年ほどかかる）。

前述のとおり、現在のマンションの構造体は長持ちです。マンションは新築で買っても誰かが住んだら、その時点で中古です。**建築主の利益20％は、その時点で剥落する**と考えるべきでしょう。経年でさらに安くなった新耐震の中古マンションを買い、**室内をリフォームして住むほうが、新築を買うより、はるかに賢い選択**になるわけです。

63

ウソ

年収が上がるほど幸福感が上昇する――はウソだった！

年収と幸福に関する研究には、いろいろあります。中でも有名なのは、2002年に行動経済学の研究分野で、初めてノーベル経済学賞を受賞したプリンストン大学のダニエル・カーネマン教授によるものでしょう。また、同様に研究を続けた同じ大学のアンガス・ディートン教授も、行動経済学の研究分野で2015年にノーベル経済学賞を受賞しています。彼らが辿りついた「年収と幸福感」における結論は、**「幸福感は、年収が7万5000ドルまでは、収入に比例して増加するが、それを超えると比例しなくなる」**というものでした。1ドル100円換算だと、日本では750万円あたりでしょうか。

ところで、収入の増加が、ある時点を超えると、自由に消費ができ、旅行にも行けるといった生活満足度は上がっても、幸福感は上がらない――ということを1974年に最初に提起したのは、米国の経済学者リチャード・イースタリン教授でした。

「幸福のパラドックス」と呼ばれるこの現象を、1人当たりGDPの成長率と、各国国民の幸福度合との比率でとらえることで明らかにしたのです。いずれの研究も「幸福」の定義は難しいとしながらも、同じような結論にまで至っているのは興味深いのです。

仕事で稼ぐほどに、ストレスや家族との関係の変化も影響するからですが、経済学でいう「限界効用逓減の法則」も大きいのです。**最初に飲むビールはおいしくても、2杯目、3杯目になると、おいしさの効用は逓減していく**ものです。豊かな生活ができるようになって、その生活に慣れてくると、当然ながらそこから得られる幸福感は小さくなっていくのです。宝くじで1億円当たった人は、当座は喜びに酔いしれても、時間の経過で幸福感は薄れます。心理学では、「ヘドニック・トレッドミル現象」と呼ばれます。

富裕層向けに「幸福感」へのアンケートを取ると、「友人や家族との語らい」「くつろいだ休息」といった何気ない日常の平穏な生活場面が、上位に来るのが定番です。

お金を稼ぐようになっても、幸福感の源泉は、意外にもそんなところにあるわけです。

64

ホント

相続に一番有利なのは不動産保有──はホントだった！

世界には、相続税がない国も多く（カナダ、シンガポール、オーストラリア、ニュージーランド、マレーシア、スウェーデンなど）、また相続税のある国（イギリス、ドイツ、フランス、米国など）でも、軽減・廃止へと向かう傾向が顕著です。

しかし、日本の相続税は、1905年（明治38年）、日露戦争の戦費調達を目的に導入され、2015年以降は、最高税率55%という**世界最高水準の相続税率**なのです。

2014年までは遺産の評価額で「5000万円＋法定相続人×1000万円」の基礎控除額が認められていたので、相続人3人なら8000万円までは相続税はかからず、相続税を収める対象者は4・4%でした。しかし、2015年以降は「3000万円＋法定相続人×600万円」と大幅に縮小され、対象者は8%にまで拡大しています。

相続税を払いたくない富裕層は、税逃れの算段を追求しています。ニュージーランドに移住する、タックスヘイブンの口座に資金をプールする、外国の銀行口座や証券口座で現地通貨建て運用をするなど、手法はいろいろですが、これらも簡単ではありません。

小金持ちの場合、ゴールドを100g単位（50万円程度）のバーでこっそり保有し、相続税を逃れるケースもあります。ゴールドを一度に200万円以上買い受けた業者は、支払調書による税務署への届け出義務があるからです。ただし、売却時に購入時の価格証明書類がないと、譲渡益を95％とみなされるため、100gであっても今後ゴールドが値上がりすると、譲渡所得の50万円の非課税枠も超える恐れもあるでしょう。

結局、相続税の節税に最も有効なのは、不動産なのです。被相続人の自宅なら、小規模宅地の特例で、評価額を時価の2割程度にまで圧縮可能です。また貸家（アパート、マンション）なら貸家建付地で、時価1億円の土地でも借地権割合、借家兼割合、賃貸割合などで8割程度まで圧縮し、**小規模宅地の特例との併用で実質4000万円程度**まで評価を減らせます。

現金や有価証券は時価評価ですが、不動産には評価減の仕組みがてんこ盛りなのです。

65

ホント

年収2000万円でも手取りはたった の1200万〜1300万円——はホントだった!

国税庁の民間給与実態統計調査によれば、2016年末の給与所得者は、5744万人です。平均給与は422万円（男性521万円、女性280万円）です。正規雇用の平均は487万円、非正規は172万円でした。

こうした中、男性は、年収1000万超〜1500万円までが4・8%、1500万超〜2000万円までが1・1%、2000万超〜2500万円までが0・3%、2500万円超が0・4%です（女性は同0・7%、同0・2%、同0%、同0%）。年収1000万円以上の給与所得者は、男性6・6%、女性0・9%です。合計でも7・5%ですから、431万人になります。

高額の給与所得者は、大企業の役員などが含まれているからでしょう。

ところで、年収1000万円という響きは、サラリーマンにとっての憧れでしょうが、手取りに換算すると、家族構成や控除額にもよりますが、750万円程度にすぎません。年収2000万円の場合でも、手取りは1200万～1300万円程度です。

手取りは、年収から社会保険料や所得税、住民税を引かれたものですから、**年収が高いほど、税額も大きくなるため手取りは圧縮される**のです。これが累進課税です。

1000万円を超える年収があれば、エリートサラリーマンだから安泰とばかりに、調子に乗ってローンで高級マンションを購入し、外車を購入し、子供2人を私立の小学校、中学校などに通わせ、習い事もさせていると、台所はつねに火の車になるはずです。

しかし、実際にそういう見栄っぱりの消費に囚われている家庭は非常に多いのです。

それが証拠に、金融広報中央委員会による2016年の「家計の金融行動に関する世論調査」で、年収1000万超～1200万円未満の2人以上世帯の平均貯蓄額は1067万円、中央値（上位から下位まで順番に並べた時の真ん中の数値）でもたったの620万円しかありません。おまけに**貯蓄ゼロ世帯は、26・7%にも及ぶ**のです。

年収がどんなに高くても、貯蓄ゼロでは、貧困老後は避けられないでしょう。

第4章 行動・心理のウソorホント

66

ホント

嫌われている人と仲良くなるためには「小さな頼み事」がよい――はホントだった！

人は、好きな人からの頼み事は、何とか引き受けてあげよう――とするものです。

しかし、嫌いな人からの頼み事は、体のよい理由をつけて断ろう――とするでしょう。

これが、人間本来の自然のポリシー（原則）だからです。

ところで、嫌いな人からでも、断りにくい頼み事もあります。**「極小依頼」**です。

「ちょっと、定規を貸してください」「ちょっとその雑誌を読ませてくれませんか？」「○○までの道順を教えてください」「私とも、ＬＩＮＥを交換してくれませんか？」


こんなちょっとした、小さな頼み事まで断ろうとすると、嫌っていることが相手にバレてしまいかねず、いちいち断るのもストレスなので、応じてしまいます。

そのため、「いいですよ」と頼み事を受け入れますが、心の中に変化が生じます。

「なんで、あんな嫌いなヤツに、親切に応じたのか」とモヤモヤと不快感が起きます。心理学では、これを認知に不協和が生じた状態として「認知的不協和」と呼びます。嫌いな人の頼み事を受け入れると、気の弱い自分に腹立たしくなります。嫌いな人に親切にする必要はない――という人間本来のポリシーに反するからです。

しかし、その後に改めて、とても丁寧なお礼の言葉を告げられたら、どうでしょうか。「あれぐらいのことで、すごく感謝してお礼を言いに来るなんて、結構いいヤツだな」こんなふうに、心境に変化が生じるのです。「嫌いなヤツに親切にした」ことで認知に不協和が生じますが、**「結構いいヤツだから親切にした」というふうに考えると、認知が協和する**からです。人は自分を尊重し、感謝してくれる人間に好意を感じるからです。

嫌われている人と仲良くなりたい時には、断られない「極小依頼」で相手に近づき、あとから丁重なお礼をする――ことが大事なわけです。こうしたことをさり気なく繰り返していくと、相手の認知が「嫌いなヤツ」から「いいヤツ」に昇格するからです。

67

ホント

「赤い色」を身に着けるとモテる——はホントだった！

色彩心理学では、色にはさまざまな効用がある——ことが明らかになっています。

色は、人の無意識にはたらきかけ、認知にも大きな影響を及ぼすのです。

例えば、白色と黒色の2つの同じ大きさの箱があった場合、両手で抱えて運ぶ実験では、**体感重量で黒い箱は、白い箱の1・8倍も重く感じられる**——と確認されています。

梱包用段ボール箱に白色を施したり、盗難防止で金庫に黒色を使うのは、そんな効果もあるからです。室内空間や服装、モノなどに使われる色彩効果は次のようになります。

白色……軽い・清潔・純潔・開放感・雪・雲のイメージを喚起

黒色……重厚・威厳・厳格・格調・風格のイメージを喚起

青色……鎮静・冷静・清潔・爽快・海・空のイメージを喚起

緑色……安心・休息・自然・森・新芽のイメージを喚起

黄色……注意・明朗・愉快・幼児性のイメージを喚起
赤色……太陽・興奮・情熱・怒り・歓喜・積極性・躍動感・炎のイメージを喚起

運動靴や体操着に白色が多いのは、軽さと開放感が得られるからで、裁判官の服装が黒いのは威厳を保つためです。属性を高めたユニフォーム効果を色で支えます。

これらの色彩の中で、ひときわ興味深い効果がある——とされるのが「赤色」です。米国のレストランの実験では、ウェイトレスが赤いシャツを着た時が、チップが一番多かった——とか、同じ女性を映した写真でも、赤いドレスを着せた時の写真が、男性の性的好奇心を最も高めた——といった実験が有名だからです。

しかも、**赤色は、一部分であっても、男女ともに目を惹かれる効果があり**、本当は赤い色に気を取られているだけなのに、それを身に着けた人物を魅力的に感じさせます。

赤いリボンの少女や赤い口紅の女性には、男性が魅力を感じ、赤いネクタイを締めた男性には女性が魅せられます。赤を取り入れると、よいこと尽くめになるのです。

68

ウソ

「占い」が当たるかどうかは占い師の能力次第――はウソだった！

女性には占い好きが多くいます。男性は占いには合理的な根拠がないと思う人も多く、女性ほどには、占いに関心をもちません。**女性は脳が共感型**のため、占い師から自分を診断してもらうことに興味津々になります。占いにはまりすぎるのは、依存心が強すぎて問題ですが、占い好きな人は概して占いへの適度な信頼感をもっています。

ところで、よく当たる――といわれる人気占い師は、なぜよく当たるのでしょうか。それは占い師がお客と一対一で対面する時の「暗示誘導」が巧みだからですが、そこには「バーナム効果」という手法が用いられています。ここで紹介しておきましょう。

たとえば占い師は、やみくもにお客を前にして次々判断を告げるわけではありません。必ず最初に、お客から生年月日を聞いたり、手相や顔相をしげしげと眺めたりといった、目の前のお客に限定し、**占いの儀式（作業）**を行う形をとるものです。
そのため、お客は自分だけに集中して占いが行われている——と信じ込まされます。
そこから、占い師は、まず誰にでも当てはまる「抽象的な事柄」をお客に告げます。「あなたは、実はとても孤独ですね」「お金のことで悩みがありますね」などです。人の悩みは「人間関係」「お金」「将来」「健康」の4つぐらいです。どれについて指摘してもお客には「当たっている」と思わせられます。これが「バーナム効果」なのです。

占い師は、その時々のお客の反応をしっかり観察します。そして徐々にお客から情報を引き出し、その情報に適宜助言します。そこでもお客は「当たっている」という不思議な気持ちになるでしょう。自分が情報提供しているだけなのに、お客は、占い師が告げる**「抽象的な事柄」を「自分の具体的な事情」に結び付けて解釈してしまう**からです。

雑誌の占い記事の場合でも、まず自分の生まれ月の占いの「抽象的な事柄」を「自分の具体的事情」に置き換えて読むため、「お、当たっている」などと思わせられるのです。

69

ホント

要求を通したい時は「交渉を長引かせる」と有利に運ぶ——はホントだった！

交渉事が長引く時は、両者がともに、交渉を成立させたい強い思いがある時です。そうでない場合は、交渉を続けようとしても、相手から拒絶されてしまいます。あと少しで交渉成立できる——と相手に思わせないと続きません。ちなみに、交渉事はそうやって粘り、ぎりぎり長引かせておいて、**最後のドタン場で「決裂」を匂わせると、一気にこちらの要求が通る**ことがよくあります。

たとえば、不動産などの大きな金額の取引では、交渉を続けてようやくお互いが条件に合意し、いよいよ契約寸前となった時に、突然「やはり、あと50万円負けてくれないなら、契約するのをやめます」などと言い出すと、要求が通ってしまうのです。

全体の金額が数千万円ですから、これまで交渉を続けてきて、ドタン場でご破算になることに相手が慌てて、最後は譲歩してくれるからです。今までの交渉に費やした労力、時間といったコストに思いが至ると、ここで破談にすると、**すべてがマイナスになることを恐れるから**です。ドタン場での卓袱台返しのワザですが、実際この手を使う手合いもいるので要注意です。こんな時には、「では、契約しなくて結構です」と突っぱねるのが正解ですが、焦って受諾してしまう人も多いのです。突っぱねれば、「やはり契約します」と相手も改心するはずです。長い交渉は「合意したい」というお互いの強い気持ちがあったからなので当然です。自分の足元だけでなく、相手の足元も見るべきなのです。

これは、「サンクコスト効果」というものです。サンクコストとは「埋没費用」です。サンクコストの呪縛作用にかかると、ドタン場で相手の要求に屈してしまいます。原発や、いったん計画して着工したダムや道路工事が、経済合理性に反していることがわかってもやめられないのは、**今まで使ったコストが惜しくなるサンクコストの呪縛**作用だからです。超音速旅客機のコンコルドの開発と就航中止でも知られる現象です。

ドタン場で相手が「やめようかな」などと漏らしたら、「どうぞ」とただちに突き放し、終了宣言して対等の関係を保つことが重要です。いちいち動揺してはいけないのです。

70

ホント

「顔の表情」を作り替えるだけで感情をコントロールできる――はホントだった！

ポーカーフェイスという言葉があります。しかし、自分の喜怒哀楽の感情が顔に表れるのを防ぎ、ポーカーフェイスの「無表情」を装うのは、少々むずかしいものがあります。顔の表情には、つい内面の感情がもろに出やすいからです。

米国の心理学者ポール・エクマンは、感情と顔の表情を研究し、人には「6つの基本感情」があり、**顔に出る感情表現の特徴も、万国共通である**ことを明らかにしました。

6つの基本感情は、「怒り・喜び・恐れ・悲しみ・驚き・嫌悪」ですが、このうち「怒り」「喜び」「恐れ」の3つが最も原初的な感情であり、所有の増減に対する反射としています。それ以外は、これら3つの感情の複合か思考が生んだ心理表現としています。

顔に表れる感情によって、人は相手がどんな心理状態にあるかを察知して、コミュニケーションをとっていることがわかります。顔の表情は非常に重要なのです。

人に脅威を与える顔は、「怒った顔」です。眉間にシワが寄ってイライラしていたり、歯を食いしばっている表情の人は、周囲から警戒されます。人に安心感を与える表情は「笑顔」です。にこやかな表情の人には、誰もが親近感を抱かされます。


「笑顔」には、驚くべき効用があることもわかっています。

19世紀末に米国の心理学者ウィリアム・ジェームズとデンマークの心理学者カール・ランゲがそれぞれに主張した「情動の末梢起源説（ジェームズ＝ランゲ説）」という古典的心理学理論があります。人は生理的変化によって感情が生まれる──という説で、**「楽しいから笑うのではない、笑うから楽しい」**「悲しいから泣くのではない、泣くから悲しい」と喩えれば、わかりやすいでしょう。この説はいろいろ批判されてきましたが、経験則で一定の評価をする人も多くいます。

怒った時でも、悲しい時でも、「作り笑顔」の表情を無理やり行っていると、**だんだん怒りや悲しみの感情も薄らいでいく**からです。ぜひ、お試しいただきたい方法なのです。

71

ウソ

「ヤル気がでない時」の具体的な解決策はない——はウソだった！

隣り合う1桁の数字をひたすら足していく「クレペリン検査」というものを受けた経験はあるでしょうか。これは、20世紀初頭のドイツの精神医学者エミール・クレペリンが発見した「作業曲線」をもとに、日本の心理学者内田勇三郎博士が開発した「内田クレペリン検査」のことです。「作業曲線」とは、単純な作業を連続して行ったときに作業量の増減が見られる曲線的パターンのことで、クレペリンは、この曲線の個人差から人の精神的、心理的特徴が分類できる——としたのでした。

クレペリンは、この研究過程で、作業を続けるうちに気分が高揚してくることを「作業興奮」と名付けています。つまり、**実際の作業に取りかかると、次第に作業効率も上がってくる**ことを意味します。近年解明された脳のメカニズムでは、脳の側坐核が作業開始によって刺激され、ドーパミンの放出に影響するとされ、**「側坐核」＝「ヤル気スイ**

ッチ」と呼ばれるようになってきています。

「勉強する気が起きない」「仕事に取りかかる気になれない」「掃除する気が湧かない」

こんな時には、とにかくまず、作業を始めてしまえば、だんだん集中してヤル気が湧いてくる――ということになります。**手を動かし、やり始めることが大事**なのです。

そうすればヤル気も湧いてきます。ヤル気のでない時には、これを思い出しましょう。

なお、TEDのスピーチ「ボディ・ランゲージが人を作る」で世界的に有名になったハーバード大学の社会心理学のエイミー・カディ教授は、「胸を張り、自分を大きく見せるハイパワーポーズを2分間続けるだけで、体内物質が劇的に変化して、自信満々の気分になれる」と紹介しています。たった2分で支配性ホルモンのテストステロンが増え、ストレスホルモンのコルチゾールが減少することを科学的に突き止めたのでした。

ハイパワーポーズを2分続け、即やり始めることで「ヤル気」が湧いてくるはずです。

72

ホント

要求を通したい時には「過大要求」か「小出し要求」が効く――はホントだった！

人に頼み事をする時には、誰だって、その要求をむげに断られたくないものです。相手の機嫌のよい時を狙ったり、相手をほめてよい気分にさせてから、お願い事を切り出すようにしている――という人も多いでしょう。

わざと過大な要求をして相手に断らせ、すぐに小さな本命の要求に差し替えて、小さな本命要求を通してしまう方法を**「譲歩的依頼法」**といいます。

最初から本命の要求をしても、断られそうな時には、この方法が有効です。「1万円貸してほしい」と頼んでも断られそうな時には、「5万円貸してほしい」と最初に過大な要求をします。「5万円は無理だよ」と体よく断られたら、がっかりして見せます。そしてすぐさま、「じゃあ、1万円でいいから貸して」と要求を小さくすると、相手からはこちらが譲歩したように見えます。すると、5万円で断った相手も、自分も譲歩しなければ――と無意識が反応し、「じゃあ、1万円なら貸してあげるよ」となるのです。
心理学では、人と人の間には「返報性の原理」がはたらくことが知られています。**誰かに親切にされると、親切のお返しをしないといけない**――と思う習性です。「譲歩的依頼法」というのは、この原理に則った、断れなくさせる頼み方なのです。

もうひとつ、覚えておきたいのが、**「段階的依頼法」**と呼ばれる頼み方です。

最初に小さな頼み事をします。「極小依頼」はたいてい受け入れられるからです。

喫茶店で、「金欠なので、ここのコーヒー代奢ってくれたら嬉しいな」とおねだりして、相手に「いいよ」とOKされたらしめたものです。人には「一貫性の原理」という心理学の法則がはたらくからです。「ケーキも奢ってくれたら嬉しいな」などと続けると、これまた「仕方ないな、いいよ」とOKしてくれる確率が高まります。

人は、**いったんYESというと、YESの肯定的態度をとりたがる**のが「一貫性の原理」だからです。反対に何かのことで、NOといわせてしまうと、一貫して否定的な態度をとるようになるのも「一貫性の原理」なので、そこは気をつけないといけません。

73

ホント

声を出して行動すると「能力」がアップする——はホントだった！

スポーツの試合を観戦していると、選手が「ここぞ」の場面で、いろいろな「声」を上げていることに気づきます。スポーツ科学の分野では、これを「シャウト効果」もしくは「シャウティング効果」と呼び、昔から多くの研究がなされています。

スポーツの分野でなくても、私たちは日常生活で、力が必要な場面で声を上げるものです。椅子から立ち上がる時に「よいしょっと」、重いものを持ち上げる時に「よっ！」などとやっています。経験則でも、**声を上げたほうが、力が込めやすい**ことを知っているからでしょう。フランスのリヨン大学のスポーツ測定では、「ジャンプ！」とかけ声を上げながら飛び上がると、声を出さない時より平均5％高く飛べるようになった——という実験結果も報告されています。

似たような事例では「オノマトペ効果」というのも知られています。

オノマトペとは、フランス語で擬音のことですが、日本語には非常に多く使われています。「雪がシトシト降って来た」「ギャアギャア騒ぐ」「仔猫がミャーミャー鳴いている」など、オノマトペを使うと、状況がとてもよく伝わる効果もあるといいます。

また、「体がグニャグニャだ」とオマジナイを唱えると、本当に体が柔らかくなったようにも感じます。「バシッと決めるぞ」と心で念じると、気合がみなぎるものでしょう。

オノマトペ研究家の藤野良孝博士は、跳び箱が飛べない子供10人に、助走時に「サー」、踏み切り時に「タン」、手を突く時に「パッ」、着地時に「トン」の要領で「サー・タン・パッ・トン」のオノマトペ効果を教えると、**全員が跳び箱を飛べるようになった**——と実証効果を明らかにしています。意識的に運動しようという大脳のはたらきが抑制され、無意識に運動をこなす小脳のはたらきが活発になるからといいます。

これは、「シャウト効果」も同じで、「かけ声」によって脳が神経や筋肉に指令を与える時の**運動制御のリミッターを外させ、筋肉の限界値を伸ばす**から——といいます。

74

ホント

人に「レッテル」を張ると「レッテル通り」の人間になる――はホントだった！

人は、何かを期待されると、意識・無意識において、「期待に応えたい」と感じていくものです。たとえば、教師の期待によって生徒の成績が向上する――などが有名です。

1964年に米国の教育心理学者ロバート・ローゼンタールが教育現場での実験から導いた理論が「教師期待効果」＝「ピグマリオン効果」です。教師が期待をかけた生徒とそうでない生徒には、**成績の伸びに明らかな違いが見られた**からです。ちなみにピグマリオンとは、ギリシャ神話に登場するキプロス島の王で、自分の作った彫像の女性に恋をして、神に願いを込めていたら、彫像の女性が人間になったという伝承に由来します。

期待するのとは反対に、いつもけなしたり、バカにしていると、人はヤサグレます。自己肯定感が低くなって自暴自棄の傾向が強まります。ローゼンタールは、これを「ゴーレム効果」と名付けます。ゴーレムとはユダヤの伝説に登場する意思をもたない泥人形のことで、その存在を無視されると土に戻って死んだも同然になることの喩えなのです。

こうした理論と、1960年に米国の心理学者ハワード・S・ベッカーが発表した、アウトサイドに逸脱する人間達の研究から見出された「ラベリング効果」が融合し、今日のコーチング理論が形成されています。「ラベリング効果」とは、**人に何らかのレッテルを張っていると、そのレッテル通りの人間に近づいていく**現象をいいます。

「君は責任感が強い性格だね」などと、何かで頑張った人をその都度讃えていると、その言葉は意識と無意識に浸透し、責任感のある行動や態度をとるようになっていきます。

「君のこの料理うまいね」などと料理の下手な新妻をほめていると、料理も上達します。

「お前はホントにダメなヤツだな」とこきおろしていると、ダメ人間になるわけです。

必ず何かの**根拠を見出し、よいレッテルを張ること**が大事です。やみくもにほめ讃えるだけだと人は増長し、こちらを見下すようになるので気をつけないといけません。

75

ウソ

長い説教を早く終わらせたい時は「謝罪の言葉」が一番――はウソだった！

部下にミスや失態があれば、上司は部下を叱責します。

ここで冷静に原因を究明し、部下の反省を促すべく叱るのが、優秀な上司といえます。

しかし、上司の中には、自分のメンツを守ることや保身に汲々とするあまり、不安心理から感情を爆発させる人も少なくないでしょう。

怒りの感情の奥底にあるのは、不安や恐怖の心理です。

目の前の事態が、自分の想定していた「あるべき状況」にないことに、恐怖を覚え、部下を感情的に責めまくります。冷静に叱る――ということができなくなるわけです。

こんな事態に遭遇した時、部下が覚えておきたいのは、**「謝罪」よりも「感謝」の言葉のほうが、怒りを鎮静化しやすい**――ということです。

「謝罪」よりも「感謝」の言葉のほうが、人の「承認欲求」を強く満たすからです。

「承認欲求」とは、人の誰もがもつ「認められたい・ほめられたい・理解されたい」という原初的な感情です。自分の存在を肯定されると、安心感が広がるでしょう。

「貴重なご指摘をいつもありがとうございます」
「部長にはいつも感謝しております」

謝罪や反省の言葉だけでなく、こうした**「感謝」の言葉を挿入するだけで、上司の怒りは急速にトーンダウンする**からです。これは、感情的になる上司と部下との関係だけに限りません。感情的になるクレーマーや、口うるさい親への対応においても同じです。

「どうしてくれるんだよ！」→「お客様、いつもご利用ありがとうございます」
「何考えてるのよ、あんたは！」→「お母さん、いつも心配してくれてありがとう」
「ありがとう」と告げられると、「バカヤロウ」とは、続けていえなくなるのです。

第5章 生き物のウソorホント

76

ウソ

「不老不死」の生物は存在しない――はウソだった！

生物は必ず老い、やがて死ぬ――というのが、長い間の生物界の常識でした。それが、近年の発見によって次々と覆る事態が起きてきました。1996年には、イタリアの研究者が、ベニクラゲの個体再生のメカニズムを発見し、世界に衝撃を与えました。ベニクラゲは、成長しても4～10㎜程度の体長です。卵から生まれますが、幼生のうちに岩などに固着してポリプを形成し、やがて幼クラゲとして離脱して、数週間で成熟します。

ところが、不思議なことに、ベニクラゲは2カ月ほど経過して死期が迫ると、**自らの肉体を退化させて幼少期のポリプに戻る**のです。そして体を若返らせ、再び幼クラゲとしてポリプを離脱、数週間で成熟していき、また再び死期を悟ると、ポリプに戻るというのです。つまり、永遠にこれを繰り返せる――ということが不老不死につながる研究としても、世界中が注目した発見だったというわけです。

また、1998年には、米国のポモナ大学のダニエル・マルチネス教授が、クラゲやイソギンチャクなどの仲間である刺胞《しほう》動物（触手などに有毒な刺胞がある）のヒドラを、**「永遠の命を持つ生物」**と発表して、これまた世界に衝撃を与えました。

ヒドラは体長1㎝程度の淡水産無脊椎動物です。体のほとんどが幹細胞（分裂しても同じ細胞を作れる細胞）であり、これが分裂を繰り返すことで、老化することなく、自分の体をつねに更新し続けることができるというのです。

こうした事例は、再生医療の研究にも興味深い示唆を与えることとなり、世界中で研究が行われるようになっています。なお、ベニクラゲも、ヒドラも自然界においては、天敵による捕食、汚染や病気にさらされるために、必ずしも「不老不死」を続けている可能性は低いといいます。これらの生物が、住みよい快適な実験環境の中にあったからこそ、こうした不老不死の生態が明らかになったといえるのです。

77

ウソ

タラバガニはカニの仲間——はウソだった！

美味しいカニといえば、タラバガニ、ズワイガニ、毛ガニ、花咲ガニなどが、すぐに思い浮かぶことでしょう。しかし、これらのうち、タラバガニと花咲ガニは、カニの仲間ではありません。貝殻こそ背負っていませんが、**実はヤドカリの仲間**なのです。

他にタラバガニとそっくりなアブラガニと呼ばれる種類のものも、同じヤドカリの仲間です。かつて、このカニは、タラバガニの偽装品として流通したこともあるほどです。

ところで、カニではないことの違いは、タラバガニとズワイガニの脚で比較すると、よくわかります。タラバガニの脚は太く、1対のハサミと左右3脚で、ヤドカリと同じです。身は、淡白な味わいですが、ボリュームがあって食べ応えがあるため、日本人にはとりわけ好まれます。いっぽう、ズワイガニの脚は細く、1対のハサミと左右4脚です。小さな甲羅でツルツルしているのが特徴です。

ところで、タラバガニには、**「カニ味噌」の部分がありません。**タラバガニのカニ味噌部分はおいしくなく、加熱しても固形化せず、流れ出して身の部分に混じり、見た目を損なうので、あらかじめ取り除かれているからです。

カニ特有のカニ味噌部分は、カニの中腸線、肝膵臓と呼ばれる部位で、人間の場合の肝臓と膵臓です。カニは臓器が分かれておらず、この部位で栄養の貯蔵や分解、吸収、消化酵素の分泌を行っています。つまりレバーやフォアグラに相当する部分なのです。

カニ味噌は濃厚な味で人気があります。味わいも繊細で甘味が濃く、カニらしさが漂いますが、身が少ないので食べ応えはいまひとつの珍味となっています。

ところで、タラバガニとズワイガニを価格面で比較すると、タラバガニは、ズワイガニの2倍近い高値になります。そもそもタラバガニの漁場は、鱈と同じ領域で、そこから**「鱈場蟹」**と名付けられたくらいで、その漁場はロシア領域に多くまたがります。

オホーツク産のタラバガニは実はロシア産なのです。ロシアからの輸入であることと、漁獲量が限られている希少性ゆえに、ズワイガニよりも価格が高くなっているのです。

78

ウソ

魚には痛覚がないから「活き造り料理」は残酷ではない──はウソだった!

日本の食文化の中には、生きたままの、動いている魚介類をそのまま食べる「踊り食い」と称する食べ方や「活き造り料理(活け造り)」という料理があります。イカ、タコ、アジ、アワビ、トコブシ、エビ、ホタルイカ、シロウオなどが有名です。しかし、最近では、アニサキスなどの寄生虫感染の懸念もあり、こうした料理は一切食べないという人も増えています。

ところで、海外からは、こうした食べ方を「残酷」と見る視点もあります。イルカやクジラ漁などでも、日本は世界の動物愛護団体などから白い眼を向けられているうえに、食文化においても「残酷」「野蛮」と評されることも増えてきているのです。訪日客のインバウンドも、手放しでは讃えられない空気もなきにしもあらずなのです。

実際、オーストラリアのシドニーなどでは、日本料理での「踊り食い」や「活き造り」は**「動物に対する残酷な行為」**として法律で禁じられています。

これまでは、「踊り食い」や「活き造り」への批判に対しては、「魚には痛覚がないから、けっして残酷な食べ方ではない」という反論が有効でした。

しかし、近年、その常識にも意を唱える研究者が出現しはじめています。

魚にも、**人の痛覚に似た「痛みを感じる能力がある」**という主張がそれでした。

イギリスのエジンバラ大学で行われた実験によれば、魚も、体の組織にダメージを与える刺激には敏感に反応するとし、生体機能には生理的変化が顕著に表れたというのでした。これは、ニジマスの頭部にマーカーを取り付け、熱や化学的刺激を与えたことで、感覚受容器と見られる部位に反応が見られたという実験から導き出された結論でした。

はたして、これが**どのような苦痛を与えるものなのかは、未解明**です。

しかし、明快な反応があるとすれば、日本の食文化が変わってしまうかもしれません。

79

ホント

キリンは1日に20分しか睡眠をとらない——はホントだった！

キリンは、シカの仲間から生まれた草食動物です。

キリンの首が伸び、足が長くなったのは、生き残りのための進化でした。

肉食動物から身を守るため、首を伸ばして見晴らしをよくし、他の草食動物が食べられない高いところの葉や木の実を食べられるようになったというわけです。

足が長く、首が長いのは、生存に最適なポジションというわけでした。


キリンが1日にとる睡眠は、たったの20分といわれます。

キリンが眠る時は、地面に足をついて横になり、首を自分の体の上に曲げて載せます。

この体勢で眠るのが、1日にせいぜい20分なのだそうです。

これは、**肉食動物に襲われないための、防御のせい**でもあるでしょう。

長時間寝ていたのでは、襲われる確率が高まるからです。

こんなに短くて大丈夫なのは、立ったまま仮眠をとっているから——と推測されています。分散して仮眠をとるのを合計すると、2時間ぐらいにはなるはず——ともいわれています。それでも、なぜ、こんなに短い睡眠でも大丈夫なのでしょうか。

そもそも草食動物は、睡眠時間が短いことで知られています。

馬や牛、象なども、1日3～4時間しか眠らないそうです。

草食動物の主食である草のカロリーが非常に低いため、1日に大量に食べないと、体の機能を維持できないそうで、そこで**睡眠よりも食事を優先するスタイルになった**というわけです。

また、睡眠には、脳の修復という大事な作用がありますが、キリンのように大きな動物は代謝率が低いため、脳細胞の修復の必要がないことも影響しているといいます。

なお、キリン同様に睡眠時間の短いイルカやクジラは、**半球睡眠で、片目を開け脳の半球だけを休ませる**という睡眠法を使っていることが知られています。渡り鳥もこの方法です。

80

ウソ

シロナガスクジラでも赤ちゃんの時は小さい――はウソだった！

シロナガスクジラは、巨大だった恐竜の時代を含めても、哺乳類としては地上最大の動物です。体長が20～34ｍ、体重は80～１９０トンに及びます。

体長が30ｍを超えるのは稀だそうですが、タテにすると、**10階建てのビルにも匹敵する高さになる**わけです。史上最大の恐竜といわれるアンフィコエリアスが体長約60ｍ、体重１２２トンだったといいますから、哺乳類としていかに巨大かがわかります。

本来、哺乳類は、爬虫類と比べても、あまり体は大きくなれないそうです。

それは、哺乳類が温血動物のため、熱を体内で作り出さなければならないために、冷血動物の恐竜のように大きくなると、体内システムを維持できなくなるからです。

ところで、シロナガスクジラは、生まれた時は、小さかったのでしょうか。

実は、**赤ちゃんの時でも、7mもある**のです。体重は2トンです。赤ちゃんは、母親から授乳されて、驚くべきことに1日に90キロずつ体重が増えていきます。1年後には30トンを超えてしまいます。そのうえ、寿命が長く100年を超えるそうです。

シロナガスクジラの授乳方法は、研究者によって次のように推測されています。赤ちゃんが、母親のおっぱいに吸い付くわけではありません。そもそも、おっぱいのような突起物は泳ぐのに邪魔です。もともと乳腺は母親のお腹の中に埋もれているのです。お腹が空いた赤ちゃんは、母親の横を泳ぎながら、母親のお腹をつつきます。するとお母さんは、乳腺から乳首を出して、赤ちゃんの口に乳を一気に押し出します。海中なので、こんな形でミルクを与えて、赤ちゃんを育てているのです。

シロナガスクジラは、成長すると、**上あごと下あごの軟骨を開き、10m近くも口を大きく開けることができる**そうです。そこで一気に主食のオキアミや小魚を口の中に捕獲します。体も大きければ、食事もダイナミックなのです。

81

ホント

ヒトデには血液が流れていない――はホントだった！

星形の海洋生物といえばヒトデですが、ヒトデには血液がありません。体内を走る水管に海水を入れて、海水中の酸素を吸って呼吸しています。海水が流れるだけで、**血液が流れていないので、心臓もありません。**心臓がないだけでなく、脳もないのです。体中の神経細胞がはたらくのみなのです。体の中心部の腹側に口があり、肉食のため、貝類や魚の死骸をはじめ、生物なら何でも食べてしまうそうです。貝を食べるときには、砂から貝を掘り出し、足で貝を器用に開き、胃袋を押し付けて消化してしまいます。なお、肛門は体の中心上部にあります。

ヒトデは棘皮《きょくひ》動物に属し、仲間はウニやナマコ、ウミユリです。この仲間のうちで、ヒトデはウミユリに次いで古く、5億年前から登場しています。棘皮動物は、ヒトデと同じで血管系が退化しており、心臓も脳もありません。

これは、毒針をもつ刺胞動物のクラゲやイソギンチャクも同様なのです。

ちなみに、最も原始的な脳（集中神経系がすでに形成されている）をもつといわれる扁形《へんけい》動物のプラナリアにも心臓はありません。


ここで取り上げた棘皮動物のヒトデ、ウニ、ウミユリ、刺胞動物のクラゲやイソギンチャク、扁形動物のプラナリアなどには、共通する大きな特徴があります。

それは、体組織を再生する能力が極めて高いのです。クラゲについては、172頁の「不老不死」の生物で取り上げました。ヒトデの場合は、**足を切断しても、そこから組織を再生して2匹のヒトデに**なります。プラナリアの場合はもっと衝撃的で、体を無数に滅多切りにしても、そこから無数のプラナリアが誕生するといいます。

とりわけ、ヒトデの場合は繁殖方法が多彩です。メスが海中に産卵してオスが放精し受精卵を造る場合、雌雄同体で自家受精する場合、メス一匹が単為生殖で未受精卵から個体を繁殖させる場合、また、他からの切断でなく、自ら切断しての無性生殖もあるのです。

82 ホント シロアリはアリではない――はホントだった！

「シロアリ」と聞くと、大事な家屋の土台や柱を食い荒らす、凶暴なアリのイメージがありますが、実際には肉食のアリよりもはるかに弱い存在の昆虫です。

たまたま、木材や朽木を食料とすることから、人間の家屋にとりついた場合は、重大な事態を引き起こすために、邪悪な昆虫として忌み嫌われてきただけです。

何しろ、シロアリがいないと、枯れ木や落ち葉などのセルロースの分解がすすまず、生態系に大きな影響を与える――というほど、**自然界では貴重な存在**になっています。

実際、シロアリの消化システムが、セルロース分解工程における再生可能エネルギーのバイオエタノール生成に役立つものとして、各国で研究がすすめられているほどです。

ところで、シロアリという名称から、アリの仲間と思っている人が多いのですが、シロアリはアリの仲間ではありません。シロアリはゴキブリ目シロアリ科で、アリはハチ目だからです。シロアリはゴキブリの仲間、アリはハチの仲間なのです。シロアリはゴキブリ同様に幼虫時から成体と同じ形ですが、アリは幼虫、サナギ、成虫と変わります。アリの全身が黒色なのに対して、シロアリは**全身が白っぽいので、シロアリと呼ばれるようになっただけ**です。体形をよく見ると、シロアリは胸部と腹部のくびれが目立ず、数珠状のずんぐりむっくりの体形ですが、アリは胸部と腹部の継ぎ目のくびれが明確です。翅を比較しても、シロアリの翅は前翅、後翅ともに同じ大きさですが、アリは前翅が大きく後翅は小さいのです。

シロアリもアリも、社会性を持った昆虫であることはよく知られています。巣の中で集団で生活し、序列を保って行動するからです。ただし、アリは女王アリが一匹いるだけですが、シロアリは**女王と王様が複数いて、兵隊や働き部隊を構成**します。なお、アリを庭先で見つけるぶんには心配ありませんが、家の中で見つけた時には用心してください。アリはシロアリが好物だからです。湿気の多い床下などにシロアリが巣を作っていると、アリがシロアリを捕獲するため、家の中まで入ってくるからです。

83

ホント

口呼吸ができるのは人間だけ――はホントだった!

動物にも、人間と同様に口と鼻がついています。

そのため、動物の口と鼻も、人間と同じように両方で呼吸できるものと思いがちです。

しかし、厳密にいうと、口で呼吸ができるのは人間だけなのです。

鳥類や爬虫類は、呼吸をする気道と、モノを食べる食道が分かれていて、口で呼吸することはできません。**口は肺とはつながっていない**からです。


哺乳類の犬や馬が、走った後などに、口でハアハアするのは、「浅《せん》速《そく》呼《こ》吸《きゅう》」と呼ばれるもので、口腔内の水分蒸発で体温調節を図っているだけです。

犬や猫、馬などは、気道と食道が一部つながっていますが、奥のほうでフタがされてしまうため、肺とはつながっていないそうです。

人間に近い**サルやゴリラも口呼吸ができない**――というのですから驚かされます。

なぜ、人間だけが、鼻呼吸と口呼吸の両方ができるようになったのかは、言葉の習得と関係がありました。人間の場合、吠える、鳴く——といった音声を出すのでなく、言葉をしゃべるために呼吸による咽喉の調節が行われるようになった——と考えられているのです。

ただし、人間でも生まれたての赤ちゃんの時は、口呼吸ができないそうです。

そのため、お母さんのおっぱいに、ずっとむしゃぶりついていても、呼吸が苦しくならないそうです。**言葉をしゃべりはじめると、口呼吸ができるようになる**のです。

作家の故・車谷長吉氏は、ものごころついた頃から、遺伝性蓄膿症で口呼吸しかできなくなり、苦しい日常生活を余儀なくされ、自ら作家の道を選んだ——と綴っています。

本来、医学的にも口呼吸をするのは、不自然であまりよくないことのようです。

できるだけ鼻呼吸をするほうが、健康にも寄与するという指摘も多いのです。

84

ウソ

カバは赤い汗をかく——はウソだった！

動物園にいるカバは、ユーモラスな胴体でのんびりした風情を見せますが、野生に生きるカバは、縄張り意識が強く、テリトリーを侵されると猛獣にも向かっていく——といったどう猛な一面をもっています。カバの体長は、３・５〜４ｍ、体重は２〜３トンにも及びますから、ライオンやワニと闘っても勝てるゆえんです。

ところで、カバの汗は「血のように赤い」ともいわれますが、体を覆う赤い成分は、汗ではありません。カバには汗腺がないため、**体温調節のための汗は出ない**からです。

カバは体毛がないため、肌が露出しています。そのうえ、肌が非常にデリケートなので紫外線や細菌感染から身を守るために、皮膚から特殊な色素を分泌しています。つまり、肌を乾燥から守るためのローションのような物質を分泌していたのです。

なお、カバの表皮から分泌される粘液性の物質は、**分泌直後は無色透明ですが、酸化によってすぐに赤くなり、やがて茶色**になります。血の汗に見えるゆえんなのです。

2004年に、世界的に権威のあるイギリスの学術雑誌「ネイチャー」に発表された研究論文によれば、カバの皮膚が出す色素は、赤とオレンジで、赤には抗菌作用があり、オレンジには紫外線を吸収する作用がある――ということでした。

カバは、水陸両棲の夜行性の動物です。水辺で群れになって生息しています。熱い日中は、水中で過ごし、夜になると陸に上がり、草を食べます。水中での泳ぎは達者で、**6分間も潜水することもできる**そうです。

ちなみに、カバの顔を観察すると、面白いことに気づきます。呼吸する鼻、視界をとらえる目、音を察知する耳が、水平に一直線に並んでいるのです。これは体全体を水に沈め、顔だけ出すのにちょうどよい位置になっているわけです。

85

ホント

アリの仲間には「奴隷アリ」がいる――はホントだった！

日本のどこにでもいるアリの種類に、サムライアリがいます。体長4～6㎜、女王アリは7㎜程度です。このアリの習性にはすごいものがあります。サムライアリは、他種のクロヤマアリなどの巣を集団で襲います。クロヤマアリを鋭い大あごで突き刺して、片っ端から殺します。クロヤマアリを殺してから、クロヤマアリの巣にあるサナギを奪い、サムライアリは、次々と自分たちの巣に運ぶのです。

夏の暑い日などに、地面を見ていると、無数のアリが、白いものを運んでいるところに出くわすことがありますが、これがサムライアリがクロヤマアリの巣から、自分たちの巣にサナギを運んでいる真っ最中の現場というわけです。

ご覧になった方もいるでしょう。エサを見つけて運んでいる――と見間違えてしまいますが、**エサを運んでいるのではなく、クロヤマアリのサナギを運んでいる**のです。

サムライアリは、クロヤマアリのサナギを自分の巣に持ち帰り、すでにサナギから育っているクロヤマアリに、奪ってきたクロヤマアリのサナギの世話もさせて育てさせます。サムライアリは、**襲撃するだけでエサ取りも子育ても基本的に何もしない**のです。

アリの体表にはワックス成分が付着しています。アリはこのワックス成分を触覚で感じ、味方か敵かを認識しています。サムライアリは、クロヤマアリを奴隷のように働かせていますが、サムライアリは自分の体表にクロヤマアリのワックスを塗り込んでいるため、クロヤマアリも同じ仲間だと思ってせっせと働くのです。もちろん、サムライアリの女王が産んだサムライアリのサナギを育てるのもクロヤマアリの仕事です。

新たに育ったサムライアリの若い女王が、古い巣から飛び立ち、自分の新しい巣を作るときも強烈です。クロヤマアリの巣に乗り込み、クロヤマアリの女王を殺し、クロヤマアリの女王のワックスを自分の体に塗り込み、すでにいるクロヤマアリを配下として従わせるからです。**自分の産んだ子もクロヤマアリに育てさせる**――というわけです。

86

ウソ

モグラは「太陽の光を浴びると死ぬ」——はウソだった！

モグラは北海道を除く、日本全国に生息分布し、地中に穴を掘って生活する珍しい哺乳類です。なぜ、モグラが地下に暮らすようになったかは、生存競争上の理由のようです。体長20㎝前後のモグラにとって、地上には、天敵のキツネやフクロウがおり、地中のほうが好物のミミズや昆虫の幼虫を捕獲しやすかったから——といわれます。

地中に潜るようになってから、目は土が入らないよう薄い膜で覆われるようになりました。この目は見えなくても、光は感知できるそうです。

ちなみに、**「太陽に当たると死ぬ」というのは俗説**で、稀に地上に顔を出します。

前足は、土を搔き出しやすいよう爪が大きく発達し、平泳ぎのように動かして土が掘れるよう左右に広がりました。そして、体はビロードのような柔らかな毛に覆われます。

狭いトンネル内を前進も後進もできるうえ、鼻先は突出し、エサを探すために触覚が発達しています。いずれも地中で行動するのに最適なスタイルに進化を遂げたわけです。ちなみに、モグラにとっても穴掘りは重労働なので、いつもは既存のトンネル内を行き来することで、トンネル内に落ちてきた昆虫類を感知して捕獲しています。

ところで、モグラは**大食漢で、12時間何も食べないと餓死する**という説もあります。そのため、捕まえたエサを貯蔵する習性があります。モグラの唾液には麻酔作用のある物質が含まれており、昆虫を噛んで半殺しの仮死状態にして貯蔵するそうです。賢い生存戦略が備わっているのです。

なお、モグラは**泳ぎも上手**――というのですから驚かされます。乾いた田んぼの地中にトンネルを作っていた場合、水が張られると困ります。その時は、地中から脱出して、水中を泳ぎ、陸地に上るといいます。不思議な生き物ですが、土中で生きるノウハウが見事に完結されているのです。

87

ウソ

チョウザメはサメの仲間──はウソだった！

世界三大珍味といえば、キャビア、フォアグラ、トリュフの高級食材が有名です。そのうちキャビアは、チョウザメの卵を塩漬けしたものです。日本人には、馴染みの薄い食材ばかりですが、ヨーロッパでは、これらが珍味とされているのです。

ところで、チョウザメはサメの仲間だと誰もが思っているのではないでしょうか。しかし、チョウザメは、サメという名がついていますが、サメの仲間ではありません。一見、全体がサメに似ているのと、**ウロコの形が蝶に似ていることから、チョウザメと呼ばれるようになっただけ**です。チョウザメとサメとの違いは、いろいろあります。

●チョウザメには、サメと違って歯がありません。長く伸びた鼻の下にある4本のヒゲで、エサの節足類や貝類、ゴカイなどの多毛類、甲殻類を探して飲み込みます。

●サメは、1億年前からの生息ですが、チョウザメは3億年前から形をほとんど変えずに生息する古代魚です。
●チョウザメは、腎臓を持っているため、身もアンモニア臭くなく非常に美味で高級魚としても知られます。
●チョウザメは硬骨魚で、軟骨魚のサメとは異なります。チョウザメは、アジやサバと同じように固い骨をもっているのです。
●チョウザメは、サメと違って、体のエラ穴にふたがついています。
●チョウザメは、サメと違って、体内に浮袋があります。
●チョウザメは、海だけに生息するサメと違って、北半球の河川や湖水の水草などに卵を産み付け、秋に川を下って海で成長します。

ヨーロッパでは、チョウザメ料理は、美容と健康に良いとされるコラーゲンやたんぱく質を豊富に含んでいるため女性に人気があり、古くから**ロイヤルフィッシュ**とも呼ばれ珍重されてきました。希少種のため、国際取引にも規制がかけられているのです。

88

ウソ

マッコウクジラは深く潜れない――はウソだった！

マッコウクジラの体長はオスで16～18m、メスで12～14mで、性差による大きさがクジラ類では突出しています。マッコウクジラを特徴づけるのは、巨大な頭部です。オスの場合、体の3分の1を占めます。しかし、脳は意外に小さく7kg程度ですが、動物の中では最大の重量です。

マッコウクジラがすごいのは、クジラ類の中で最も長く潜水していられることです。海上で息を吸うと、**2時間近くも海中にいられる**のです。その能力もあって、水深3000mまで潜れます。潜水時間、潜れる水深ともに、クジラ類の中では断トツです。

ちなみに、体長30mにまで達するという最大の哺乳類であるシロナガスクジラは、潜水時間50分程度、潜れる水深は100mぐらいまでです。人間の場合、素潜りでの記録が100m超、ボンベを背負ってのギネス記録では330m超です。海洋生物学では、水深200mからは「深海」です。太陽の光がほとんど届かなくなり、これより深くなると植物プランクトンは光合成を行えなくなるとされているのです。

マッコウクジラが、水深1000m以上潜れる秘密は何でしょうか。

もともと、クジラ類やイルカ類は、筋肉組織にミオグロビンというたんぱく質をもっています。ここには酸素分子を貯蔵することができるので、それを使って体内システムをはたらかせることができるのです。マッコウクジラは、このミオグロビンを筋肉内に大量に持っています。それで、**肺の中の空気を空にして水圧にも耐えられる**——ということのようです。

ところで、シロナガスクジラはヒゲクジラ類なので歯をもたず、プランクトンや小魚がエサですが、マッコウクジラはハクジラ類なので歯をもちます。

光の届かない深海でも、イルカと同じくエコロケーション（反響定位）によってダイオウイカなどの位置を探知して、大型のエサを捕食しています。

ちなみに**一番の敵はシャチ**で、シャチの群れに襲われると成体でも危ういといいます。

89

ホント

猫にドッグフードを与え続けると失明する――はホントだった！

犬と猫の両方を飼っていて、ドッグフードで猫の食事も代用させている――という方は、犬と猫の生理メカニズムの違いを知らないと危険です。猫にドッグフードを与え続けると、失明してしまいかねないからです。人も犬も、少量とはいえ体内でアミノ酸の一種タウリンを合成できますが、猫はできません。そのため、キャットフードには豊富にタウリンが含まれますが、ドッグフードには含まれないものも多いため、**猫がドッグフードを食べ続けると、必要な栄養素が摂取できない**事態が起こりえるわけです。タウリンが不足すると、人でも犬でも猫でも白内障や拡張型心筋症を発症しやすいのです。猫にはキャットフードを必ず与えるようにしなくてはいけません。

なお、犬でも、タウリン不足になりやすい犬種があります。

アメリカンコッカースパニエルやゴールデンレトリバーなどは、タウリン合成が少ないといわれます。タウリンが豊富に入ったドッグフードやサプリメントで補いましょう。

ちなみに、犬や猫に食べさせると危険な食品も参考までに挙げておきましょう。

危険な食べ物は、おおむね共通しています（米国動物虐待防止協会のリストより）。

※危険度大……ネギ類、カカオ類（チョコレートなど）、レーズン・ブドウ・アボガド
※危険度中……ニンニク、スルメ、アルコール、アワビ、硬い骨、カフェイン
※危険度小……イカ、タコ、貝類、生魚、レバー、柑橘類、おから、ほうれん草

飼い主が牛丼好きだからといって、タマネギの入った牛丼などは危険度大なのです。

また、生魚も危険——というのは意外ですが、刺身などの生の魚介類には、ビタミンBを破壊するチアミナーゼという酵素が含まれるからです。肉食の猫も、雑食の犬も、刺身などは好物ですが、ビタミンBは、元気の素ですから、ビタミンB欠乏症になると、病気の心配が出てきます。なお、「サザエさん」のアニメ主題歌には**「お魚咥《くわ》えたドラ猫」の節がありますが、生魚は骨が咽喉に刺さる懸念もあり、欧米ではタブー視**されます。

90

ウソ

冬眠中の動物の体はとくに変化しない——はウソだった！

冬眠について、少しおさらいをしておきましょう。恒温動物の哺乳類の一部（5％程度）と鳥類の1種（プアーウィルヨタカ）が、食糧の乏しくなる寒い冬場に冬眠することが知られています。コウモリやリス、ネズミの仲間といった小動物から、大型動物では、ヒグマ、ツキノワグマ、ホッキョクグマなどが冬眠します。また、体温が外気温によって変動する変温動物の爬虫類、両生類はすべて冬眠します。なお、昆虫や無脊椎動物が、冬場に極めて不活発な状態で過ごすのも冬眠と考えられています。

冬眠とは不思議な現象で、**体温が下がり、呼吸や心拍数も著しく下がって、代謝活動が極端に抑えられます**。たとえば、シマリスの場合には、2～3カ月の間冬眠しますが、37度の体温が5度まで下がり、1分間の心拍数320～400回程度が10回程度になり、1分間の呼吸数75回程度も1～5回まで低下します。ただし、シマリスの場合、この状態がずっと続くのではなく、数日の間隔をおいて覚醒し、この時貯蔵していた食物を少し摂取し、排尿排便をします。もちろん、冬眠の生態は、動物によって異なるので、何も食べずに排尿排便をするだけで、再び冬眠に戻る動物もいるのです。

たとえば、クマの場合は、38度の体温が4～5度下がるだけで、冬眠中は覚醒しないことで知られます。秋にどんぐり類を大量に食し、冬眠に入ると摂食も排尿排便もしませんが、外部からの刺激には敏感なため、覚醒しやすい冬眠ともいわれています。

このように**冬眠中の動物の体は、著しく変化している**ことが窺えるのです。

ところで、寒い冬場に、ずっと眠っていられるのは、ラクチンでよさそうに思えるかもしれませんが、冬眠と睡眠は、脳の活動が異なっているそうです。睡眠中は、レム睡眠とノンレム睡眠の脳波が見られるのに、冬眠中にはこの脳波が見られないからです。シマリスが、冬眠中に数日ごとに覚醒するのは、睡眠不足にならないために、覚醒後いったん体を元に戻して、しばしの睡眠をとり脳を休ませている――ともいわれます。

なお、冬眠の研究はまだまだですが、将来の宇宙旅行に役立つ可能性もあるそうです。

第6章 近未来ニッポンの

ウソorホント

91

ウソ

老後生活資金は3000万円もあれば十分——はウソだった！

1963年、日本にはたった153人しか、100歳以上の高齢者はいませんでした。それが、2017年には、6万7000人です。1960年の日本人男性の平均寿命は65歳で、当時は55歳が定年ですから、55歳以降の平均余命も18年ほどでした。大半の人は、定年後20年を経て、75歳ごろまでに亡くなっていました。当時は60歳から厚生年金を受給できましたが、15年程度の受給で終わっていたのです。国民年金は、昔も今も65歳から支給なので、10年そこそこだったことが窺えます。

2016年の日本人の平均寿命は、男性81歳、女性は87歳にまで延びました。厚労省の「2016年簡易生命表」で、16年生まれの人の生存率を見ると、90歳でも男性の25％、女性の49％が生きています。95歳でも男性の9・1％、女性の25％が生きているのです。**日本人はものすごく長生きするようになったわけ**です。

昔は、定年退職したあとの老後が短かったものの、今日老後は、年金受給開始に合わせて定年が65歳に延びてなお、その後の20～30年が当たり前になってきました。年金が受給できても、金額の少ない人は、他によほど潤沢な貯えがないと「貧困老後」に陥るゆえんです。実際、２０１７年5月時点の生活保護受給世帯164万世帯（213万人）のうち、約53％が65歳以上の高齢者世帯で、うち9割が単身世帯です。

家計調査のデータから、**夫婦の老後生活に最低限必要な月額は、27万円**とされます。たまに外食や旅行を楽しむといった、少しゆとりのある生活には、37万円が必要とされます。夫がずっと厚生年金加入のサラリーマンだった場合の夫婦2人世帯の平均年金受給額は、約19万円ですから、**最低生活費にも月額8万円が不足**しています。

少しゆとりのある生活には18万円も不足です。65歳から働かずに年金生活に入るとすると、年間最低96万円もしくは２１６万円が必要です。年間96万円で25年間の場合２４００万円、年間２１６万円で25年間なら５４００万円にもなるわけです。

92

ホント

介護が必要になっても有料老人ホームに入れない——はホントだった！

「健康寿命」とは、WHOの定義では、平均寿命から疾病、衰弱、認知症などの要支援や要介護を必要とする「健康でない状態」の期間を差し引いたものです。

日本人の平均寿命は、男性81歳、女性87歳ですが、「健康寿命」は男性72歳、女性74歳です。年々平均寿命も延びていますが、死ぬまで健康でいられるわけではないのです。2060年には、**国民の4割が65歳以上高齢者**です。この頃には、医療費も現行の負担率（69歳まで3割、70〜74歳2割、75歳以上1割）では到底賄えず、4〜5割負担にもなることでしょう。年金財政も底をつき、減額されて70歳からの支給も視野に入ります。将来は今以上に老後資金が必要になるのは確実なのです。

2000年からはじまった介護保険制度ですが、これも現行の1割負担では維持が困難で負担増になるでしょう。現在、費用が安い公的な介護保険施設の「特別養護老人ホーム」が全国に9700あっても申し込み待ちが多く入れません。となると民間の「サ高住（サービス付き高齢者向け住宅）」や「有料老人ホーム」ですが、費用は安くないのです。

2014年末に、介護職員が3人の高齢者をベランダから投げ捨てて殺し、注目された「Sアミーユ川崎幸町」は、リーズナブルな有料老人ホームとして有名でした。入居一時金ナシ、家賃15万1500円、管理費3万4560円、食費3万5640円の合計22万1700円だったからです。一時金ナシだとふつう月額30万円台です。

しかし、夫婦2人の平均年金受給額19万円では、どちらかが要介護になってもとても入れず、となると、究極の貧困ビジネスで大流行中の「無届介護施設」に入るよりないわけです。これなら10万円以内も可能ですが、**大部屋・不潔・雑魚寝の劣悪な環境**です。

日本は「寝たきり大国」といわれます。ピンピンコロリ（PPK）とならず、病院や施設で過剰医療で無理やり延命させているからです。PPK実現のためには、歯周病にかからないよう歯科検診を心掛け（歯周病菌が心臓疾患につながる）、週1で運動し、朝食に発酵食品を多く摂り、禁煙と節酒を心がけ、睡眠を十分とることが大事といいます。

93

ホント

「長生き」が「生き地獄」に直結する時代になる――はホントだった！

すでに紹介の通り、65歳を超えた老後生活は、数多の困難が押し寄せる時代になります。現役サラリーマンの**多くは、老後に資産寿命が尽き、それでも人生は続く**からです。

生活保護受給世帯の半分が、65歳以上高齢者という現実に照らせば明白です。

全労働者の平均年収も1997年のピーク時の467万円から、16年の422万円（男性521万円、女性276万円）まで45万円も減少しています（民間給与実態統計調査）。全労働者に占める非正規雇用の割合が4割にも広がったのですから当然です。

サラリーマンは「生かさず殺さず」の喩えにも等しく、少ない報酬から生活費を賄い、ローンでマイホームやマイカーを購入、子供の教育費などを支払うと、貯蓄もできないために満足に老後資金も貯えられません。年代別世帯の金融資産額を見てみましょう。「家計の金融行動に関する世論調査（2人以上世帯）」の2016年の平均データです。

20代……184万円（中央値0万円）金融資産ゼロ世帯45・3％
30代……395万円（中央値167万円）金融資産ゼロ世帯31・0％
40代……588万円（中央値200万円）金融資産ゼロ世帯35・0％
50代……1128万円（中央値500万円）金融資産ゼロ世帯29・5％
60代……1509万円（中央値650万円）金融資産ゼロ世帯29・3％
70代以上…1379万円（中央値514万円）金融資産ゼロ世帯28・3％

退職金を受けたはずの60～70代でも、中央値で見ると、金融資産は500万～600万円程度しかなく、これでは、**不足する年金分を充足させることもままならない**のです。

貧困老後に陥らないためには、前項で指摘した通り、ピンピンコロリを目標として、健康生活を送りながら、できるだけ年齢を重ねても仕事を続けるしかありません。

現役のうちに自分の得意なこと、好きなことを見つけ、スキルを磨いておくことです。

94 ホント AI社会到来で今ある仕事が消える——はホントだった！

行動遺伝学など、近年の遺伝と能力に関わる研究で、人間の学力や知力は、6割が遺伝子によって決定づけられる——と明らかになっています。

世の中では、一生懸命勉強すれば、高偏差値の一流大学に合格できる——と信じられ、予備校などの受験産業もそうした幻想を駆り立てるのに躍起ですが、学習に関わる遺伝子が優秀でなければ、学習に要した「金・労力・時間」も無駄になるのです。

勉強の嫌いな子に、無理やり学習環境を整えても、所詮は無意味な所業なわけです。

IQにおいては、8割が遺伝で決まります。残り2割の環境要因に賭けてもたかが知れています。身体的特徴も、体質や気質も遺伝の影響が大きいのですから当然なのです。

イギリスのオックスフォード大学でＡＩ（人工知能）を研究するマイケル・Ａ・オズボーン准教授が、スタッフとの共著で２０１４年に発表した論文「雇用の未来——コンピューター化によって仕事は失われるのか」は、世界中に衝撃を与えました。

米国の労働省が定めた702の職業分類のうち、**今後10〜20年で、47％の仕事がテクノロジーに取って代わられる**——としていたからです。

10年後には、タクシーやトラックの運転手も要らなくなるばかりか、弁護士や会計士の分析的業務の大半や、医師による診断業務もAI判断が主流になるというのです。

ブルーカラーだけでなく、ホワイトカラーさえも、仕事の多くを奪われ、人間の仕事は、AIを管理する周辺の仕事などに大幅チェンジを余儀なくされる——というのです。

大変な時代かもしれませんが、新しい仕事も生まれるので、つねにスキルチェンジできる能力と、コミュニケーション力があれば、大丈夫と指摘する識者も多くいます。

米国最先端の教育研究では、数学や読書といった学習の「認知スキル」だけでなく、人生を成功させる要素（社会貢献や経済基盤）に通ずる潜在的な「忍耐力」「協調性」「リーダーシップ」「知的好奇心」「自制心」などの**「非認知スキル」養成の教育が大事**といいます。幼少時の「しつけ」や「人間力」を育む教育こそが、勝負を決めるわけです。

95

ウソ

アベノミクスは成功している——はウソだった!

２０１２年12月からの第2次安倍政権では、アベノミクスを高らかに謳い上げ、日本銀行の黒田総裁による大規模な異次元金融緩和を行ってきました。アベノミクスは、デフレ脱却を目指して、「大胆な金融政策」「機動的な財政政策」「民間投資を喚起する成長戦略」の3本の矢を標榜してきました。しかし、このうち、目立つのは「大胆な金融政策」だけで、**公共事業は民間の人手不足や資材不足に拍車をかけ、賃金も増えない**中、消費増税と円安による輸入食品の値上がりで国民の購買力は低下しています。人口増加が一番の成長戦略のはずですが、長年懸案の待機児童問題ひとつ解決できず、国民の将来不安だけ増し、5年経っても「2年以内の前年比2%物価上昇」を果たせていません。

もともとこの異次元緩和政策は、「景気がよくなれば物価が上がる」のセオリーのアベコベ版で、「物価が上がれば景気がよくなる」を地で行くものです。犬の尻尾を振り回せば犬が喜ぶ——という不自然さです。日銀に大規模異次元緩和やゼロ金利政策まで行わせて、一体今はどうなってきたのでしょうか。**実は出口がなくなっていた**のでした。

日本がいつ財政破綻してもおかしくない状態に一段と近づけてしまったのです。

日銀は市中の国債を年間80兆円ペースで買い入れ、通貨供給量（マネタリーベース）を増やし金利を下げましたが、世の中に出回るお金の総量（マネーストック）は増えませんでした。人口減少で需要不足だからです。日銀はGDPの8割という400兆円もの国債保有です。これで80円台の円高は110～120円までの円安になり、輸出大企業は潤いました。しかし、数量ベースで増えたのではなく、円換算での輸出高と品目高になっただけで、**人件費は上げず、内部留保だけを積み上げた**のです（400兆円超）。

株価を上げるため、日銀はETF（上場投信）も買い入れ、年金資金（GPIF）は半分を株式購入に投入（外国株と日本株が各25％）、株式市場は官製インチキ相場です。日銀がこうした買い入れをやめると国債価格も株も暴落します。長期金利の上昇は国債の償還不能に陥り、**超円安になった日本にはハイパーインフレが襲来**するはずです。

96

ウソ

マイナンバー制度は世界標準——はウソだった！

2013年5月に安倍政権下で成立した「マイナンバー法」は、15年から個人番号通知カードを配り、16年1月から税金（所得税・住民税）、社会保障（年金・健保・雇用）、災害（被災者台帳作成）の3分野に限り、「紐付け」しての運用開始でした。自治体に個人番号の申請を行えば、身分証代わりになる写真入り個人番号カードも交付されます。

かつて何度もとん挫した「国民総背番号制度」の導入に他ならず、2012年に旧民主党政権が提出した法案（解散で廃案）をベースに安倍政権が成立させたものでした。

「マイナンバー」などと親しみやすい名称ですが、**「国民監視制度」のスタート**に他なりません。安倍政権は、他の先進国では共通番号制がすでに導入されているかのような印象操作を行い、成立にこぎつけましたが、まやかしです。

米国では、税と社会保障のみに限定の上、選択制です。それでも情報漏洩やなりすまし犯罪を急増させました。イギリスは06年任意加入でスタートしましたが、政権交代で**プライバシー侵害の悪法として廃止**されました。ドイツやイタリアは、税務識別のみでの共通番号制です。日本のように預金口座とリンクさせたり、これから「紐付け」を増やしていく狙いが透けて見えるのは、日本のマイナンバー制度だけなのです。

すでに閣議決定のみで18年1月からは、任意での預金口座へのマイナンバー提示を求められるようになっています。3年後には強制へと格上げ予定です。今後、不動産の登記簿情報との「紐付け」や、医療情報との「紐付け」など、次々と個人情報（勤務先・家族構成・賞罰・学歴・クレジットなどの信用履歴・消費購買履歴・購読図書・投票履歴・思想信条など）との「紐付け」も視野に入ってくるでしょう。

表向きは、行政サービスの向上を謳っていますが、終戦直後の占領下で行われた「預金封鎖・金融資産課税」の下準備に他ならないでしょう。国の財政破綻に備えた**国民の財産差し押さえのための布石**という指摘が数多あるのです。

情報漏洩が必ず起こるはずなので、その時にこそ、国民の判断が待たれるでしょう。

97

ホント

再び原子力災害は起こりかねない——はホントだった！

2013年9月、安倍首相がIOC総会で、オリンピックの東京招致演説を行い、「福島についてお案じの向きには、私から保障を致します。状況は統御されています。東京には、いかなる悪影響にしろ、これまで及ぼしたことはなく、今後とも、及ぼすことはありません」と大見得を切ったのを見て、国民はのけぞりました。ネットでは、「いいのか、そんな大嘘こいて」などの茶々が入れられたのを覚えている方も多いでしょう。

これ以降、マスメディアは、安倍首相の思いを忖度し、今も続く福島原発の最悪の状況についての報道を控えます。しかし、**依然として危険な状況は変わっていない**のです。

2011年3月の福島第1原発の大事故以来、4機の原子炉は、総額8兆円で数十年に及ぶという廃炉作業に追われていますが、原子炉建屋に流れ込んだ地下水が汚染され、保管する汚染水タンクは膨大に増え続けています。

危機的状況は、原子炉や汚染水の問題だけではないのです。全国の原発（54基）の原子炉建屋上部には、使用済み核燃料プール（厚さ145〜185㎝の鉄筋コンクリート製）がありますが、ここには未使用、使用済み合わせても、数千本単位の燃料が冷却保存されています。この年間1000トン以上も増え続ける使用済み核燃料は処理が追い付かず、**貯蔵プールは満杯状況**です。使用済み核燃料は数年間冷やし続けないと、空気中に露出すると、やがて核分裂を起こし、メルトダウンにまで至るという危険なシロモノです。福島第1原発事故発生時には、津波による全電源喪失により、貯蔵プールへの冷却水の循環ができなくなり、高温の水が蒸発し、あわやという事態も招いています。

いずれにしろ、津波対策を怠っていた無責任な東京電力をはじめ、原子力関係者は、これほどの大事故を招いても原発再稼働を望んでいます。自分たちの存在否定に等しい原発ゼロを阻止すべく、安倍首相の取り込みにも成功しています。しかし、貯蔵プールは、地震や津波、火山の噴火、航空機や隕石の落下、北朝鮮のミサイル攻撃などにはひとたまりもなく、放射能汚染で数百万人が死亡し、**日本中が住めなくなる危険性大**なのです。

98

ホント

2040年までに全国の自治体の半数が消滅の恐れ――はホントだった!

日本には、約1800の地方自治体があります。しかし、これから二十数年後の2040年には、その**半数にあたる896市町村が消滅する可能性がある**といいます。

これは、民間の有識者でつくる政策発信組織「日本創成会議」が、2014年5月に発表した「人口再生産力に着目した市区町村将来推計人口」をもとに試算した結論です。

出産可能年齢の95％に当たる若年女性人口(20～39歳)が、半分に減少した場合、人口の再生産力も低下し続け、総人口も減少する――というのが基本的考え方です。

東京の**「池袋」というターミナル駅と大繁華街を有する豊島区が、消滅可能性都市**に東京23区内で唯一含まれていたことも衝撃を与えました。試算では、2040年時点で人口1万人を切る523の自治体は、とりわけ消滅の可能性が高いとしています。

「消滅」という、ことさらセンセーショナルな言葉を使い、アピールには大きく貢献した試算でしたが、自治体が消滅するとは、一体どういうことなのでしょうか。

自治体が物理的に消えてなくなる――わけではありませんが、自治体が財政破綻に陥るなどで、その機能をまともに維持できなくなることを指しています。

2007年に353億円の赤字を抱えて事実上破綻し、日本で唯一「財政再生団体」になった夕張市は、18年かけて借金を返していくことになりました。

夕張市は、260人いた職員数を半減以下の約100人に、議員数18人も9人に半減して、報酬も4割削減、市長の報酬も手取り20万円を切るまでに至っています。

かつて炭鉱が栄えていた1960年（昭和35年）の人口ピーク時には11万7000人もいましたが、破綻時の07年には1万2000人となり、16年には8800人まで減少しています。当然ながら、今の夕張市は税金も高くなり、ゴミ収集も有料化、水道料金も都内の2倍です。「全国で最高の負担で、最低の行政サービス」といわれます。こうなる前に、自浄作用がはたらけばよいのですが、全国の現状は「ゆでガエル」状態なのです。

99

ホント

人口減少の日本の未来社会は厳しい——はホントだった!

日本で「人口減少」や「少子高齢化」が注目されはじめたのは、バブル経済の終焉を迎えた1989年頃です。1975年から合計特殊出生率(1人の女性が生涯に産む子供の数)が、恒常的に2・0を割り込むようになり、1989年に「1・57ショック」と呼ばれる低出生率を記録したからです。

その後も出生率はさらに下がり続け、2016年は1・44となり、出生数が97・7万人に対して、死亡数が130・7万人で、33万人の人口が減りました。今後はさらに人口減が続きます(日本の場合、人口を維持するのに必要な合計特殊出生率は2・08)。

こうした人口減少は少子化と高齢化を伴い、現役世代と高齢世代のバランスが崩れるため、社会保障や働く人(15~65歳未満の生産年齢人口)の減少が問題になります。

子供を産まなくなった理由は、諸説ありますが、経済的な将来不安が大きいと考えられています。なにしろ、日本では、歴代内閣が「少子化対策」の看板だけは掲げるものの、未だに待機児童問題も解決できておらず、放置プレイを続けてきたからでした。
これからの人口減少ニッポンの、各種調査データからの予測を見ておきましょう。

2020年……女性の過半数が50歳以上となり、出産可能年齢の女性が激減する。
2024年……団塊世代が全員75歳以上の後期高齢者となり、社会保障費が膨張。
2033年……空き家が激増し、3戸に1戸が誰も住まず、街に野生動物が出没する。
2035年……男性の3人に1人、女性の5人に1人が生涯未婚の状態になる。
2040年……全国の自治体の半数が消滅の危機を迎え、行政サービスが滞る。
2045年……東京都民の3人に1人が65歳以上高齢者になる。
2053年……総人口が9924万人に減少し、1億人を割り込む。
2055年……日本人の4人に1人が75歳以上の後期高齢者になる。
2059年……日本人の5人に1人が80歳以上。若者不足で自衛隊員確保が困難に。
2100年……人口6000万人に減少、「無子高齢化」で警察・消防など治安が困難に。

100

ウソ

「老年」になったら絶望感にとらわれるしかない――はウソだった！

米国の発達心理学研究の泰斗エリク・H・エリクソンは、人間の幼年期の発達心理の研究から始まって、人生における、**健全で幸福であるための発達段階での「達成すべき課題」**を8段階に分け提唱しました。導かれる幸福の果実は、矢印の先になります。

第1段階（乳児期0〜2歳）……基本的信頼**VS**不信　↓　**希望**

第2段階（幼児期初期2〜4歳）……自律性**VS**恥・疑惑　↓　**意思**

第3段階（幼児期後期5〜7歳）……自主性**VS**罪悪感　↓　**目的**

第4段階（学童期8〜12歳）……勤勉**VS**劣等感　↓　**有能感**

第5段階（青年期13〜22歳）……同一性**VS**役割混乱　↓　**忠誠心**

第6段階（成人期初期23〜34歳）……親密性**VS**孤独　↓　**愛**

第7段階（成人期後期35〜60歳）……生殖性**VS**停滞性　↓　**世話**

第8段階（老年期61歳〜）……………自我統合 VS 絶望 ↓ 賢さ

エリクソン以前にも、人生の発達段階を5段階や6段階に分けるライフサイクルの研究はありましたが、エリクソンの前段階の発達課題が、次段階の発達段階の基礎となる――という考え方は非常にわかりやすく、世界中に広まりました。そして、エリクソンが1994年、92歳で亡くなって以降、老年期の発達心理の研究はさらにすすみます。

これまで、一般的に老年期は、体の衰えや認知機能の衰えなどから、老年期が深くなるほど、絶望感や無力感にとらわれ、不幸で暗い気分に陥る――と否定的にとらえられていたのですが、実はけっしてそうではないことが次々に明らかになってきたのです。

たとえば、スウェーデンの社会心理学者トーンスタム博士は、超老年期（85歳〜）になり、身体機能の低下や社会関係、人間関係の縮小により、心理的な危機的状況に陥るものの、それを**受容し適応すると「老年的超越」の世界に入り、幸福感が高まる**ことを突き止めました。寝たきりでも、物質的、現実的な世界観から、超越的で平穏な世界観に変わるのです。エイジングに抗うより、ありのままの受容が人を幸福にさせるのです。

衝撃の真実100

著者 神岡真司

2018年4月25日 初版発行

神岡真司（かみおか・しんじ）
ビジネス心理研究家。日本心理パワー研究所主宰。最新の心理学理論をベースにした法人対象のモチベーションセミナー、コミュニケーショントレーニング、人事開発コンサルティングなどで活躍中。主な著書に『ヤバい心理学』（日本文芸社）、『10秒で相手を見抜く&操る 心理術 サクッとノート』（永岡書店）『面白いほど雑談が弾む 101の会話テクニック』（フォレスト出版）などがある。著書シリーズ累計140万部を突破。
kamiokashinzi0225@yahoo.co.jp

※本書の記述は個人の見解であり、特定の人物・団体などを否定する意図は含んでおりません。また、紹介している学説などは、多数ある説の中のひとつです。とくに健康に関わるものなどは、すべての方に同様にあてはまるわけではありません。医師の指導のもと、ご自身に合った健康法をお試しください。

発行者 横内正昭
編集人 岩尾雅彦
発行所 株式会社ワニブックス
〒150-8482
東京都渋谷区恵比寿4-4-9えびす大黒ビル
電話 03-5449-2711（代表）
03-5449-2716（編集部）

装丁 小口翔平+上坊菜々子（tobufune）
本文デザイン 斎藤 充（クロロス）
ブックデザイン 橘田浩志（アティック）
資料+データ協力 神樹兵輔&21世紀ビジョンの会
校正 玄冬書林
編集 内田克弥（ワニブックス）

印刷所 凸版印刷株式会社
DTP 株式会社 三協美術
製本所 ナショナル製本

ISBN 978-4-8470-6607-8
ワニブックスHP http://www.wani.co.jp/
WANI BOOKOUT http://www.wanibookout.com/